HORIZONTE CLÍNICO VOL. 1

"Una mirada a las diferentes perspectivas de las psicoterapias"

Colectivo
Horizonte clínico

Compilador:
Juan M. Castellanos

Horizonte Clínico Vol. 1.
"Una mirada a las diferentes perspectivas de las psicoterapias"

© 2017 Colectivo Horizonte Clínico

Colectivo: María Salamanca • Nicolás Covacevich
Tamara Niebla • Jocelyn Huerta • Eduardo Distel
Vanessa Ramos • Juan Castellanos

Correción de estilo: Amaya Tamés y Roberto Amezquita

ÍNDICE

Prólogo 5

Reseñas curriculares 11

Psicoanálisis
por María Salamanca 14
    Herramientas y elementos del psicoanálisis 18
    Modelos freudianos de la mente 20
    Escuelas y autores principales del pensamiento psicoanalítico 32

Psicoánalisis lacaniano
por Lydia Zúñiga 34
    Lacan y sus inicios 35
    Otras perspectivas 36
    La IPA 37
    Salida de la IPA 38
    Aportaciones de Lacan al psicoanálisis 39

Acompañamiento terapéutico
por Nicolás Covacevich Vega 48
    ¿Qué relación hay entre la institución educativa y
    el trabajo clínico? 48

Psicoterapia cognitivo-conductual
por Giselle Guerra 57
    Antecedentes 57
    Terapia Racional-Emotivo-Conductual –TREC- 59
    Terapia Cognitiva de Aaron Beck 61
    Terapia Cognitivo-Conductual 64

Terapia gestalt
por Vanessa Ramos 66
    Antecedentes 66
    Un trabajo creativo, integrador 71

Terapia existencial
por Juan Manuel Castellanos ... 81
    I. Una breve mirada a la filosofía existencial ... 82
    II. ¿Qué es la terapia existencial? ... 91

Terapias sistémicas y posmodernas
por Tamara Niebla ... 101
    Bases epistemológicas del pensamiento sistémico ... 102
    Contribución a la Terapia ... 108
    La Terapia Estructural ... 109
    Terapia Estratégica Breve (MRI) ... 112
    Modelo Sistémico de Milán ... 115
    Terapia Centrada en Soluciones (SFT) ... 118
    Terapia colaborativa ... 120
    Equipos reflexivos ... 121
    Terapia narrativa ... 122

Psicología transpersonal
por Jocelyn Huerta ... 128
    Fundamentos sobre los estados expandidos de consciencia ... 134
    El proceso del desarrollo transpersonal ... 138
    Alcance de la *psique* humana ... 141
    La consciencia de unidad y el modelo
    de desarrollo de la consciencia ... 143
    Trastornos mentales o crisis espirituales ... 149
    El diagnóstico en el proceso transpersonal ... 151
    El proceso terapéutico ... 152
    El psicoterapeuta, facilitador o servidor transpersonal ... 155
    Panorama actual de la psicología transpersonal ... 158

Evolución y las implicaciones en la práctica psicoterapéutica
por Edward Distel ... 162

PRÓLOGO

Cum amico omnia amara et
dulcia communicata velim[1]

Suena el despertador de una casa cualquiera, en una cama cualquiera y en una tierra cualquiera. Uno se despierta, se baña, se viste y cargado de ilusiones, como mochila de niño de primaria, va con todos sus sueños, esperanzas, miedos, angustias, retratos de mentiras, de creencias, de culturas a veces mal entendidas y a veces completamente correctas, a una universidad cualquiera.

Es el primer día de clases y se espera que ese sea el primer paso de todo un largo recorrido de retos que están frente a uno, diseñados para uno sin conocerlo y que ansiosos, esperan que tú los aceptes en cada salón de clase que te sea asignado.

Quizá entras al salón correcto, quizá al incorrecto, puede que te sientes en el lugar correcto y al lado de las personas correctas o puede que sea en el incorrecto; pero ninguno de nosotros puede negar la emoción con la que recibe toda la información el primer día de clases. Todas las nuevas relaciones, un mundo nuevo que es más viejo que Matusalén, pero que es más nuevo para uno que la noticia del diario de la mañana; esa emoción es simplemente excitante.

Así yo... un día desperté en mi casa cualquiera, en mi cama cualquiera y fui a mi universidad cualquiera, cargando en mi mochila todos mis sueños e ilusiones, a una carrera vieja (ya que era la de mis padres), pero nueva (ya que ahora era la mía).

El inicio siempre es glorioso; no importa si es malo o bueno, si te equivocaste o acertaste, el inicio deja una sonrisa dibujada en tu rostro para siempre.

Así es como empieza uno. En lo público que quiere ser anónimo, en lo anónimo que quiere que se haga público. Lleno de dicotomías, contradicciones, curiosidades, pero absorbiéndolo todo.

La cara del estudiante de los primeros semestres es maravillosa, es asombro y miedo. Quieres salir a contarle a toda tu gente lo que has aprendido y al mismo

---

[1] *Me gustaría compartir con el amigo todas las amarguras y placeres.*

tiempo, no sabes si es irrelevante o muy distinto de lo que tus padres te han enseñado.

La carrera empieza de una forma amable, todo es nuevo, aunque viejo, es nuevo. Las relaciones que vas haciendo también son emocionantes, por fin gente que se parece a ti: los excluidos, los marginados, los raros, los que pensaban diferente, los sensibles, los que saben escuchar, los buenos amigos, los que siempre tienen un hombro para llorar; no importa cuales hayan sido los motivos de estudiar esa carrera, te encuentras dentro de la miscelánea de personas; gente que piensa como tú y los adoptas como amigos.

Ahora tienes una nueva *bolita*: "mis amigos de la universidad", muchas veces los presentas con tus bolitas anteriores: los de la prepa, los del fut, los de la fiesta, los primos, etc. En el mejor de los casos se llevan increíble, en el peor de los casos, no.

Pero no importa, son tus nuevas relaciones y se abre un nuevo grupo de *Whats.* (o para los que somos un poco más viejos, uno de mail)

Todo es increíble, pero de repente, te encuentras algo que no podías ver al principio: un abismo que separa el saber de una estirpe a otra, juicios duros que se sienten como lápidas que no permiten que una clase de hombres se lleven con otros.

Mi carrera, la más hermosa de todas las carreras, la más noble en su esencia, la que se dice que es humana, demasiado humana, estaba falleciendo. Mi carrera se encontraba muriendo, porque los que habían pisado sus aulas antes que nosotros lo hiciéramos, decidieron trazar fronteras y como algunos sabemos, cuando una frontera se traza, inmediatamente se traza un campo de batalla.

Los nuevos estudiantes, sin saberlo nos habíamos afiliado a una maquinaria militar que lleva en esta guerra un poco más de 100 años, y que si le preguntas honestamente a cada uno de los bandos ¿Qué fue lo que empezó la guerra?, seguramente la respuesta sería : Yo tengo "LA VERDAD".

Como un estandarte que se iza en una de las más grandes casas de estudio de mi país, se encuentra la frase "La verdad nos hará libres", pero aquí, la verdad nos hizo esclavos; esclavos de una postura que muchas veces llegamos ni siquiera a entender.

Los que son nuestros comandantes, aquellos maestros que nos enseñaban lo estético de nuestra profesión, aquellos que admirábamos y a quien nos referenciábamos, queriendo ser como ellos; eran los mismos que ahora dictaban la estrategia bélica. Aquellos maestros sin escrúpulos, que a modo de adoctrinamiento intentaban convencernos de militar en sus filas, con la más crueles de todas las excusas "el amor y la lealtad a nuestra profesión", nos habían hecho partidarios de esta batalla y sucesores de la misma.

Así yo… Les creí cada una de las palabras que aquellos evangelistas académicos me decían y las repetía como evangelio que me hacía pertenecer. Ya que no olvidemos que en mi mochila, como niño de primaria, estaban mis sueños, ilusiones, anhelos y mi vida entera; pero no solo las mías, sino las de aquellos que pusieron su fe en mí: como mis padres, hermanos, amigos, etc.

"Sí, decíamos, no existe en la topografía humana paisaje menos explorado que el de la mente, entonces casi todo lo referente a ella está por decirse; mejor dicho, por pensarse y discutirse. Y es lo que hacemos, discutir cada vez que sacamos a colación el tema, sentirnos todos psicólogos con derecho a opinar. Si un médico habla sobre el corazón y la circulación de la sangre, lo oímos con modestia y curiosidad. Pero si un psicólogo lo hace sobre la sexualidad infantil, no falta el que tuerce la boca y lo interrumpe.

O sea, primer consejo: no andes diciendo por ahí que vas a estudiar psicología: por tu edad y sensibilidad, van a suponer que la que tiene flojo un tornillo eres tú. Segundo consejo: si lees algo sobre psicología, guárdatelo y no lo comentes entre familiares y allegados. Te podrían frustrar y es lo más peligroso que puede sucederte los comentarios que provocarías. Mucho menos interpretes el sueño de una amiga: tienes altas probabilidades de ofenderla.

Toma tu distancia: como el astrónomo hace con el sol, es la mejor manera de conocer a la gente. Y es que, hay que reconocerlo, las definiciones y los rumbos de la psicología son de lo más disímiles y casi nadie se pone de acuerdo en nada". (*Cartas a una joven Psicologa*, Ignacio Solares)

Muchas veces, como alumnos de Psicología, esperamos que la carrera nos abra la consciencia a un mundo desconocido; al mundo de las ideas de Platón, que solo aquellos sabios podrían acceder o incluso, al mundo mágico que solo ciertos chamanes podrían traducir. En nuestra mente, el estudio de la psicología y sus herramientas se vuelve el estudio de lo mágico, del abracadabra, de la palabra que cura; sin embargo, nos dicen desde la primera clase que nuestra carrera no aconseja, no receta, no dicta, no adoctrina, ya que nuestra carrera analiza y acompaña.

Hasta aquí todo va muy bien, el problema no está en la teoría per se, el problema radica en los partidos políticos que comandan nuestra profesión y que, a merced del poder, han destruido la más hermosa de las carreras, convirtiéndola en un cúmulo de sectas que llevan consigo dos principios:

1. Una vez que te defines por una secta (tipo de psicoterapia) deberás olvidar que existen las demás, ya que esta será LA ÚNICA VERDAD.
2. Deberás perseguir y matar a toda aquella diferencia de pensamiento que encuentres, ya que eso es paganísmo o herejía.

Así yo... Así les creí, así lo hice. Lo más triste de esto es que los del otro bando son eran mis amigos de sueños, los correctos o incorrectos con los que me senté en la banca de junto, los que cargaban sueños, ilusiones y anhelos propios y de su gente, y era a ellos a quienes debía de descalificar.

Esta es la idea, este es el campo de batalla y esta es la guerra que quisimos · terminar.

CUM AMICO OMNIA AMARA ET DULCIA COMMUNICATA VELIM

Para firmar un tratado de paz y parar esta guerra se forma *Horizonte Clínico*, un grupo de sujetos, amantes de la llamada *clínica psicológica*, que tenemos como principal interés el que nuestra profesión no sea un monólogo adoctrinante de una postura de pensamiento, sino un diálogo apasionado de posturas que se contradicen, se rebaten, se desdicen y sin embargo, coexisten todas igualmente válidas para intentar llegar a conocer ¿Quién es ese que es el hombre?

Nosotros no queremos dictar cuál es la mejor forma de entender al hombre, queremos señalar que existen diferentes formas de acercarse a ese sujeto: unos por el método racional positivista, otros por el analítico, otros por el posmoderno, otros por el fenomenológico, otros mas por el transpersonal, etc. pero nunca olvidando que el camino que elegimos es solo eso... un camino.

Lo que sucede con este libro es en sí mismo una revolución, una revolución sin manos y se encuentra sucediendo en un país que, cada vez más, está sediento de ese tipo de revoluciones.

Hicimos una investigación y no encontramos precedente alguno de un texto parecido al nuestro; un texto que fuera escrito por practicantes que aman su postura teórica y que estarían dispuestos a morir por ella, pero que al mismo tiempo, reconocen que existen otras posturas igualmente válidas a la suya. Sólo así, se logró poder escribir este texto juntos.

Un texto que no intente la unificación de nuestra profesión, ni la tolerancia, es decir, un texto que intente reconocer la diversidad de todo el espectro de nuestra profesión, pero una diversidad dialogante, una diversidad crítica, una diversidad que piensa y que se transforma, aquella que se construye y decontruye, una que apunte a una profesión viva.

La tarea fue difícil porque como diría mi abuela *a nadie le gusta que vengan a su casa, coman su comida y la critiquen al final*, sin embargo, eso fue lo que hicimos. Decidimos aventurarnos a que cada pluma escribiera una breve introducción de los planteamientos teóricos, epistemológicos y de pensamiento que fundamentan su posición frente al sujeto para después dialogarla juntos.

Nos dimos cuenta en este diálogo, que el camino que nos ayudó a lograrlo fue el reconocimiento humilde del No Saber, es decir, que mi saber no me alcanza para comprender la totalidad del mundo del otro, pero que aceptarlo me ayuda a compartir un mundo común.

Nuestra carrera, nuestro país y nuestro planeta estan ávidos de un mundo común. Un lugar en donde traspasemos la tolerancia para iniciar un diálogo apasionado de lo ya dicho y sobre todo de lo ya dictado. Quizá podríamos hacerle frente a la posición foucaultiana de la muerte del hombre, si volvemos a pensar lo ya antes pensado.

Te presentamos no a forma de amo, sino de siervo, este texto para que hagas con él lo mismo que hicimos nosotros: léelo y luego critícalo, léelo y luego discútelo, léelo y vuelve a pensar lo que desde, nuestro punto de vista, podría ser un esquema de las posiciones psicoterapéuticas, terapéuticas o analíticas que dan cabida al universo Psi; pero recuerda: este es nuestro punto de vista, ¿Cuál es el tuyo?

Sabemos que no son las únicas posiciones teóricas, pero como lo expresaba Sarte, elegir al mismo tiempo es renunciar, por lo que, por una forma didáctica, tuvimos que elegir un mapa de las corrientes llamadas *clínicas*, sin embargo, queremos que estés enterado que en siguientes volúmenes intentaremos abarcar las corrientes o estilos de pensamiento que nos hayan hecho falta y ahondar en aquellos que ya tratamos.

El orden de los capítulos no es normativo ni para su lectura, ni para su posicionamiento categorial, simplemente está diseñado de tal forma que creímos que los estudiantes de psicología podrían ir de lo más familiar a lo menos familiar.

Para finalizar este prólogo, es fundamental dar las gracias con toda mi admiración y respeto a cada una de las personas que con su compromiso y pasión hicieron este texto posible. Gracias amigos, gracias María, Vane, Nico, Tamara, Joss, Lalo, Giselle y Lydia, por coexistir en estas páginas juntos compartiendo las amarguras y los placeres que esto ha generado. Gracias por querer terminar la guerra sectaria y amar tanto esta carrera como yo.

RESEÑAS CURRICULARES

1. María Salamanca Pérez Manauta
Estudió Psicología Clínica en la Universidad Iberoamericana y posteriormente una especialidad y una maestría en Psicoterapia Psicoanalítica en el Instituto de Psicoanálisis y Psicoterapia de la Sociedad Psicoanalítica de México donde también completó la formación psicoanalítica. Se dedica a la práctica clínica privada y realiza labor docente en la Universidad Iberoamericana. Forma parte del grupo médico interdisciplinario *Balianz*, ha participado en congresos, conferencias y en proyectos de difusión del psicoanálisis en medios de comunicación de radio y televisión, así como escribiendo sobre temas de actualidad y prevención en medios como las revistas *Seventeen* y *Grazia* en sus ediciones de México y Latinoamérica.

2. Lydia Zúñiga Velázquez
Egresada de la licenciatura en Psicología por la Universidad Iberoamericana, cursó la maestría en el Colegio de Psicoanálisis Lacaniano y es actualmente doctorante en la misma institución. Docente en la Universidad Incarnate Word desde hace 4 años. Participación en diferentes ponencias en la universidad, en el colegio y de manera independiente abarcando temas como el deseo del analista, la ética en psicoanálisis y la mirada.

3. Nicolás Covacevich Vega Bunster
Es egresado de la carrera de Psicología Clínica de la Universidad Iberoamericana, en la que posteriormente realizó estudios en Filosofía. Se dedica a la práctica clínica en consulta privada y ha realizado acompañamientos terapéuticos en diversas instituciones escolares. Actualmente coordina equipos interdisciplinarios de acompañantes. Ha organizado y participado en diversos congresos, mesas de trabajo y coloquios sobre acompañamiento terapéutico y psicoanálisis infantil.

4. Giselle Guerra

Graduada de la maestría em Psicoterapia Cognitivo Conductual por el Instituto Mexicano de Psicoterapia Cognitivo Conductual. México D.F.

Cursó el Posgrado en Relación de Ayuda, algunos elementos para su comprensión desde el enfoque histórico-cultural, el Posgrado en Sistematización Crítica del Enfoque Histórico-Cultural, el Posgrado de Metodología de la Investigación, y el Posgradoen Solución de Conflictos, todos ellos en el Centro de Orientación y Atención Psicológica- COAP. Facultad de Psicología de la Universidad de La Habana, Cuba.

Profesora Instructora de Psicología Educativa.

Psicoterapeuta de niños y adolescentes.

5. Vanessa Ramos

Psicóloga por la Universidad Iberoamericana, Maestra en *Gestalt* por el Instituto Humanista de Psicoterapia Gestalt, así como Analista Existencial-Fenomenológico por el Círculo de Estudios en Terapia Existencial.

Se dedica a la docencia en diversas instituciones: Univeridad Iberoamericana, Universidad Gestalt, Universidad de Londres, el Círculo de Estudios en Terapia Existencial para programas de Licenciatura y Especialidades, entre otras. Es especialista en inteligencia emocional y brinda talleres al respecto.

De igual manera ha colaborado en proyectos con la UNAM, Conagua y HSBC como *Coach Existencial*.

Psicoterapeuta *Gestal* y Existencial de Niños y Adultos.

6. Juan Manuel Castellanos Hernández

Psicólogo por la Universidad Iberoamericana, Especialista en Enfoque Centrado en la Persona y Maestro en Gestalt por el Instituto Humanista de Psicoterapia Gestalt, así como Analista Existencial-Fenomenológico por el Círculo de Estudios en Psicoterapia Existencial.

Labora como Director Escolar del Círculo de Estudios en Terapia Existencial; siendo docente para la clase de Fenomenología I, Fenomenología II y Coaching Existencial, así como docente en el Instituto Casa Viktor Frankl para las materias Fenomenología, Intervención en Crisis y Psicopatología.

Docente Universitario en la Universidad Incarnate Word.

Secretario de la delegación mexicana de la Asociación Latinoamericana de Psicoterapia Existencial (ALPE)
Analista Existencial Individual y de Pareja.

7. Jocelyn Huerta

Es Psicóloga Clínica con especialidades en Proceso Corporal y Psicoterapia Gestalt. Tiene Maestrías en Programación Neurolingüística y Desarrollo Transpersonal. Imparte conferencias, talleres, retiros, cursos y psicoterapia en consultorio privado. Ha estudiado directamente con Stan Grof, James Fadiman, Stanley Krippner, Tav Sparks, Amit Goswami y Ken Wilber. Actualmente se forma en Psicología Transpersonal y Respiración Holotrópica por la *Grof Transpersonal Training* y lidera un grupo de estudio multidisciplinario para promover la psicología transpersonal en México.

8. Tamara Niebla

Licenciada en psicología graduada con mención laudatoria por parte de la Universidad Iberoamericana y Maestra en psicología clínica con mención honorífica por parte de la Universidad de las Américas. Actualmente socia-directora de la "Guardería y Kínder Baby Steps", institución fundada en 2009. Terapeuta Sistémica en la práctica privada con niños, adultos, parejas y familias. Voluntaria como terapeuta de adultos y familias en "De 0 a 3 Fundación A.C".

9. Edward Christian Distel

Licenciatura en Psicología por la Universidad Iberoamericana, Maestría en Psicoanálisis, Espeialidad en Psicoterapia Psicoanalítica y Formación en Psicoanálisis por la Sociedad Psicoanalítica de México.
Es miembro de la Asociación Psicoanalítica Internacional y miembro de la Sociedad Psicoanalítica de México.
Dedicado a la práctica clínica privada de adolescentes y adultos.
Interesado en la integración del aspecto biológico y evolutivo en la teória psicoanalítica y sus efectos en la práctica.

El psicoanálisis es una disciplina que a lo largo de los años ha sufrido cambios teóricos propuestos por distintos autores, dichos cambios teóricos por fuerza repercuten en el trabajo clínico que realizamos hoy en día. Es por eso que me parece pertinente plantear en un inicio las preguntas: ¿Qué es el psicoanálisis? y ¿cuál es la finalidad del psicoanálisis? Ya que la primera traza un camino para el pensamiento teórico psicoanalítico y la segunda traza un camino para el pensamiento sobre la práctica clínica psicoanalítica. Definir un objetivo marca la postura subjetiva con la que el analista escucha e interviene dentro del consultorio y que lo orienta, por ejemplo, a modificar conductas, hacer consciente lo inconsciente, disminuir el sufrimiento, que el sujeto se adapte mejor a su entorno, reeditar vínculos primarios o asumir el deseo, que son algunos de los objetivos planteados por las escuelas psicoanalíticas principales.

La definición etimológica de la palabra psicoanálisis es: *estudio/examen de la mente/alma*. Desde la filosofía*, el alma tiene que ver con el principio constitutivo de un objeto vivo (los objetos inanimados también tienen una esencia constitutiva), esto se refiere a un elemento que es inalterable e imprescindible del objeto. Aristóteles, introduce una cualidad vital al concepto de *alma* que tiene que ver con la esencia de los seres vivos (objetos "animados"), su identidad, o en otras palabras "lo que los hace ser".

Entonces, ¿si el alma es la esencia, la mente o *psique*, sería el vehículo o medio por el cual se manifiesta la esencia? Si este fuese el caso, el psicoanálisis debería considerar (si es que aún no lo hiciera) que su objeto de estudio tiene distintos elementos para poder definirlo y así acercarse a él y conocerlo, por ejemplo:

-Elementos físicos: estructuras orgánicas que permiten el registro y procesamiento de las experiencias (cuerpo, estructuras aptas para promover procesos cognitivos).

-Elementos ambientales: contexto en el cual se encuentra inmerso el cuerpo, el cual determina las experiencias a las que este está expuesto, así como tendencia a ciertas respuestas (época, grupo social, cultura, carga genética.)

-Elementos subjetivos: Emociones y sensaciones que marcan, de modo muy particular la manera en la que se registran las experiencias a las que está expuesto el objeto y que predeterminan la tendencia a registrar experiencias posteriores con un "sesgo" causado por las anteriores, digo sesgo no con una connotación negativa, en algunos casos sí pudiera ser sintomática (compulsión a la repetición) pero también está presente en la sabiduría que otorga la experiencia.

Al retomar estos elementos (biopsicosociales) considero que queda en evidencia que su entrelazamiento e indisolubilidad son indispensables para el entendimiento sobre la constitución del ser: cuerpo y alma.

En el texto *Tratamiento psíquico tratamiento del alma* (18) Freud desarrolla ideas muy tempranas sobre la práctica psicoanalítica, que inmediatamente comienzan a separar su postura teórica de la psiquiatría tradicional (e incluso de la psicología), aislando un fenómeno esencial, a mi parecer, para el establecimiento de la alianza terapéutica y la transferencia, esto es, la importancia de la palabra y el vínculo en el tratamiento de las dolencias psíquicas:

Psique es una palabra griega que en alemán se traduce "*Seele*" (alma).

Podría creerse entonces, que por tal se entiende: *tratamiento de los fenómenos patológicos de la vida anímica.* Pero no es este el significado de la expresión. "Tratamiento psíquico" quiere decir, más bien, *tratamiento desde el alma* –ya sea de perturbaciones anímicas o corporales- *con recursos que de manera primaria e inmediata influyen sobre lo anímico del hombre.* Un recurso de esta índole es sobre todo la palabra... (los) progresos y descubrimientos concernían a lo corporal del hombre; y así, a raíz de una incorrecta (pero comprensible) orientación del juicio, los médicos restringieron su interés a lo corporal y dejaron que los filósofos, a quienes despreciaban, se ocuparan de lo anímico.

Freud, señala que los procesos físicos y anímicos son innegablemente recíprocos y que la influencia de uno sobre el otro no es exclusiva del terreno corporal, para muestra, tenemos los síntomas conversivos como una clara evidencia de "los influjos de la vida anímica sobre el cuerpo". Freud también considera en este punto elementos cotidianos como el lenguaje no verbal (postura, reacciones de estrés, tensión muscular) y las expresiones espontáneas de emociones (excitación, tristeza, felicidad, etc.) evidencia de la influencia del mundo interno sobre el mundo físico.

Freud continúa haciendo hincapié, en este texto, en el poder de las palabras, señalando el efecto sugestivo que estas pueden tener en el cuerpo y lo esencial de estas en la relación médico-paciente. Ejemplifica con los ensalmos que desde la medicina primitiva eran expresados por los chamanes, curanderos o brujos al tratar con los dolores físicos. Numerosos estudios que comparan técnicas terapéuticas confirman la idea de la importancia de la palabra del médico y de la "confianza" que el paciente sienta de sus palabras, por ejemplo, antes de un procedimiento quirúrgico, o en experiencias de la vida cotidiana, como cuando una mamá canta a su pequeño que se ha raspado la rodilla "sana, sana colita de rana", o cuando un adolescente recibe palabras de aliento de su padre tras vivir una ruptura amorosa, incluso en los consultorios psicológicos en los que numerosos estudios indican que sin importar la técnica aplicada, un porcentaje significativo de los pacientes reportan sentir una mejoría con la sola experiencia de contención y "rapport".

El psicoanálisis no pretende de ninguna forma ser una sugestión en la que palabras vacías ejerzan sugestiones de mejoría, sin embargo, desde una mirada psicoanalítica resulta esencial pensar en la importancia de las palabras en la sugestión, ya que remiten a un vínculo evidentemente marcado por la expectativa y la idealización. Freud llama "ensalmo de la palabra" al elemento que ejerce un influjo entre los hombres. Los Sofistas estudiaron a profundidad los elementos del discurso y el influjo que este ejerce sobre los otros, haciendo hincapié en el poder de convencimiento e influencia que, por ejemplo, los políticos a los que adoctrinaban debían tener. El psicoanalista está consciente de esto y es por medio de su análisis personal y del desarrollo de la escucha analítica que busca eliminar los elementos (angustias, sensaciones, pensamientos) que pretendan influenciar o sugestionar a sus pacientes. La eliminación de dichos elementos no consiste en "dejarlos de lado", ignorarlos o renegar de los mismos, sino en atravesar un proceso personal continuo que nos permita detectarlos y enfrentarlos de manera honesta, así cuando surjan dentro del consultorio no pasarán desapercibidos y no se interpondrán nuestros deseos por encima de los deseos de los pacientes, siendo este un elemento ético de la más alta importancia en psicoanálisis.

¿En dónde reside el poder de la palabra? A mi parecer, es en la experiencia de hablar.

En la producción pre-psicoanalítica *Estudios sobre la histeria* (1895), Breuer expone el caso de una de sus más famosas pacientes "Anna O" quien acuñó en sus sesiones el término "talking cure" para definir su proceso terapéutico y el alivio que le generaba el hablar y el recordar. Posteriormente, en el historial de Elisabeth von R, Freud utiliza una técnica distinta a la hipnosis que se acerca más al método psicoanalítico actual y que consiste en estimular y ejercer presión sobre la paciente para recordar, así surge el método de coerción asociativa, precursor de la asociación libre, que establece que el discurso del paciente puede adquirir simbolización ya que las palabras y temas tienen una relación de contigüidad o semejanza con la experiencia o el elemento que necesita ser elaborado. Las palabras adquieren entonces una cualidad que incluso tiene la posibilidad de curar dolencias, pero la técnica no funciona si no hay un vínculo establecido que pueda ser analizado y reelaborado. Esto me lleva a pensar en el psicoanálisis, en su dimensión de tratamiento no solo del alma, sino desde el alma (desde el vínculo como experiencia de contacto y desde la mente del analista como su herramienta principal de trabajo) y con el analista en una posición activa de escucha que implica reconocer la experiencia única que conlleva escuchar el discurso de cada paciente.

En *Tratamiento psíquico, tratamiento del alma* también aparece el término "rapport", que he mencionado anteriormente, como un fenómeno esencial para el vínculo terapéutico, y es descrito como un fenómeno que permite que dentro de la ensoñación que se da en el estado hipnótico, el sujeto solo escuche y responda ante su hipnotizador; compara este estado con el momento en el que una madre amamanta a su hijo, lo que inmediatamente nos remite al término acuñado por W. Bion: *reverie*, el cual se traduce del francés como "estar plácidamente perdido en los pensamientos propios"*. Rapport se refiere a una conexión no verbal, Bion, con el bagaje que tiene de la filosofía oriental, hace énfasis en la importancia de la comunicación no verbal que se da en los vínculos tempranos y a lo largo de la vida, estos elementos pre-verbales o 'del orden materno' forman parte de la vida cotidiana en términos de cómo nos plantamos frente a otros, las demandas que hacemos a raíz de nuestras más básicas sensaciones que incluso no han sido apalabradas y por lo tanto nuestra postura subjetiva ante la vida.

Por otra parte, es Jaques Lacan quien hace énfasis en la importancia del "acto del habla". Ya que Lacan cuestiona no solo en qué registro se mueve el discurso sino a quién va dirigido como pregunta esencial de la transferencia y de la posición subjetiva del sujeto del lenguaje (el cual define claramente como su objeto de estudio). Lo interesante hasta este punto tanto en Freud como en Lacan me parece que reside en que dan una cualidad de experiencia estructurante a la palabra, haciendo que nos cuestionemos ¿quién soy cuando me dirijo a otros?, ¿a quién nos dirigimos cuando hablamos? o desde otro lugar ¿a quién le habla el paciente cuando habla? y ¿cómo debe posicionarse el analista ante su discurso?

La experiencia del cuerpo, la experiencia del pensamiento, la experiencia de los sentidos, la experiencia de recordar, la experiencia de la cultura, del dolor, de la alegría, del sujeto hablante, del bebé que mama y que sueña; es a partir de las experiencias como estas que implican frustraciones y gratificaciones que surgen estados internos que permiten la integración del mundo físico con el mundo subjetivo y a su vez con el mundo social; surge el pensamiento, la cultura, surge el arte. ¿Pudiera ser que el síntoma busque modificar no ideas sino experiencias? O más bien, ¿Modificar la parte experiencial de las ideas o del pensamiento?, como es el caso del obsesivo, quien quiere aislar la emotividad para así tener una experiencia de pensar sobre la que sienta mayor control, ¿pudiera ser que un paciente evite ciertos contenidos, no por reprimir una idea sino la experiencia de dolor, o de placer, o de culpa que esa idea conlleva?, ¿pudiera ser que la histérica busque revivir experiencias escindiendo el entendimiento de las mismas como un medio para evitar la experiencia de angustia? Estas preguntas no son para nada novedosas dentro del psicoanálisis, pero pueden ayudarnos a pensar en el hablar como una experiencia y así enfocarnos no en la parte racional del síntoma sino en lo que está "detrás de él" esperando a ser simbolizado para no repetirse más. ¿Pudiera ser que un paciente deje su análisis porque no tolera el cambio de experiencia o posición subjetiva? (asumir el propio discurso, asumir el propio deseo, no es asumirlo solamente en lo racional, sino asumirlo en la vivencia). C. Bollas en *China on The Mind* habla de las experiencias transformacionales retomando la importancia del sentimiento de conexión; en el consultorio dicha conexión sería con uno mismo y con un todo, incluyendo al analista, el momento, una idea o el contenido de una interpretación.

HERRAMIENTAS Y ELEMENTOS DEL PSICOANÁLISIS

Élisabeth Roudinesco define el psicoanálisis como ""Término creado por Sigmund Freud en 1896 para denominar un método particular de psicoterapia* (o cura por la palabra) derivado del proceso catártico (catarsis*) de Josef Breuer, y basado en la exploración del inconsciente* con la ayuda de la asociación libre* por parte del paciente, y de la interpretación* por parte del psicoanalista.

Por extensión, se da el nombre de psicoanálisis a:

1. El tratamiento realizado con este método.

2. La disciplina fundada por Freud (y solo ella) en cuanto comprende un método terapéutico, una organización clínica, una técnica psicoanalítica*, un sistema de pensamiento y una modalidad de transmisión del saber (análisis didáctico*, o control*) que se basa en la transferencia y permite formar profesionales del inconsciente.

3. El movimiento psicoanalítico, es una escuela de pensamiento que engloba a todas las corrientes del Freudismo". Es decir, el psicoanálisis es una teoría de la personalidad que no solo propone elementos teóricos para comprender al ser humano, sino que se acompaña de una propuesta técnica para la práctica clínica.

¿Cuáles son entonces los objetivos del psicoanálisis? Freud señala en su texto *Sobre el Psicoanálisis*:

"Nosotros los analistas nos proponemos como meta un análisis del paciente lo más completo y profundo posible; no queremos aliviarlo moviéndolo a ingresar en una comunidad católica, protestante o socialista, sino enriquecerlo a partir de su propia interioridad devolviéndole a su yo las energías que por obra de la represión están ligadas en su inconsciente, inaccesibles para él, así como aquellas otras que el yo se ve precisado a malgastar sin fruto alguno en el mantenimiento de las represiones. Lo que de tal suerte cultivamos es cura de almas en el mejor sentido". (Freud, 1913)

Vale la pena puntualizar que el objetivo del psicoanálisis no es "rehabilitar", "reinsertar" o "educar", ya que estos conceptos aluden a técnicas que buscan que el sujeto se "normalice" a costa de todo, incluso de su propia individualidad y reprima sus expresiones espontáneas (patológicas o no) para que se mezcle dentro de un entorno.

El psicoanálisis no busca normalizar, sino pensar al otro precisamente dándole lugar a las diferencias que lo constituyen como un sujeto único. Es a través de la exploración de la mente que buscamos las motivaciones inconscientes que se esconden tras el dolor, para que se le dé lugar y así pueda ser entendido y reelaborado. Por lo tanto, el psicoanálisis sería una especie de método de exploración del inconsciente, en el que la cura del dolor o del sufrimiento psíquico viene por añadidura y casi de manera inevitable una vez que el sujeto ha podido conocer, aceptar y asumir las causas y el papel que él mismo juega en su propio dolor.

Modelos freudianos de la mente

- **Primera tópica:**
  Este es el primer modelo de la mente propuesto por Freud en el que distingue tres instancias que conforman el aparato psíquico que son lo Consciente, lo Preconsciente y lo Inconsciente. Señalando que en la primera instancia tiene lugar la información de la que podemos dar cuenta en lo cotidiano, lo preconsciente tiene que ver con aquellos contenidos que únicamente podemos rememorar haciendo un esfuerzo y finalmente lo inconsciente será aquello a lo que no podemos acceder debido a que ha sido disociado de la conciencia y reprimido. Lo inconsciente no conoce de lógica, tiempo, ni forma, por lo que alegrías y dolores del pasado son vividas con la misma intensidad que se sintieron en su momento, aquí se encuentran las primeras experiencias de contacto no verbal, las huellas mnémicas y las llamadas fuerzas pulsionales (libidinales y agresivas) que pujan por ser liberadas ya que ambas son parte necesaria de la vida.

- **Segunda tópica:**
  También es conocida como el modelo estructural de la mente, y aquí Freud añade tres estructuras que operan en la conformación de la psique, Ello (*Id*), Yo (*Ego*) y Superyo (*Superego*). A grandes rasgos, el Ello es aquella estructura que alberga en su mayor parte contenidos inconscientes, el ello buscará darles a estos contenidos un lugar y por lo tanto darles salida. El Yo es aquella estructura que se nombra a sí misma, desde la escuela del yo incluso se le asignan funciones específicas que tienen que ver con la integración al entorno, el contacto con la realidad y las funciones cognitivas (aprendizaje, memoria, lenguaje, etc.),

cuando hablamos sobre nosotros mismos y describimos nuestra personalidad, hablamos desde el yo. El Superyo por otro lado, generalmente es descrito en los cursos de psicología como un policía, no negaremos que tal vez un Superyo muy punitivo tenga esta característica, pero me parece que esta instancia va más allá de eso.

Desde la teoría de desarrollo psicosexual de Freud, el Superyo es aquella instancia que se instaura tras el atravesar por el complejo de Edipo en la etapa fálica, el complejo de Edipo puede entenderse como una metáfora de la estructuración de una *psique* que está internalizando un modelo social y cultural que se rige por ciertas reglas y contratos. La prohibición del incesto, sería el máximo representante de la ley, ya que implica, que hay reglas máximas que hay que seguir para preservar la estructura social; llegar a esta aceptación no es fácil, hasta que comprendemos que el separarse de mamá (tanto para evitar el castigo —castración—, como para preservar el amor paterno), le permite convertirse en un individuo independiente que ha pasado de la diada materna a un pensamiento tríadico, que comprende la diferencia, entre el mundo interno y el externo, que puede separarse sin que le domine la angustia y que le permite tener sus propias opiniones, sus propias ideas, que le da entrada al padre que junto con su ley trae la cultura, el arte, la ciencia y la exploración. Llega el mundo y el Yo tiene posibilidad. Así que el Superyo si bien contiene las reglas morales, es más que un policía, es una instancia que en conjunto con las otras representa el posicionamiento del Yo ante la ley y esto estructura la subjetividad.

- **Modelo dinámico:**
Esta perspectiva postula que los síntomas o fenómenos psíquicos son el resultado de un conflicto que, generalmente, tiene que ver con las fuerzas inconscientes que pujan por salir. El dinamismo de la *psique* se irá explicando en las definiciones de los elementos y herramientas del psicoanálisis.

- **Modelo económico:**
Establece que la energía pulsional es maleable y puede distribuirse en distintas zonas, es susceptible de aumentar, disminuir o incluso transformarse.

• Etapas del desarrollo psicosexual

Si bien estas etapas no son como tal un modelo de la mente, son "momentos" por los que la psique atraviesa y que le dan forma al sujeto y lo modifican. La energía pulsional migra, como indica el modelo económico, movilizada por fenómenos físicos de maduración neurológica y somática, a distintas zonas del cuerpo llamadas zonas erógenas. Al atravesar por cada una de ellas internalizamos ciertos logros o posibilidades físicas en nuestra psique, así como mecanismos de manejo de la angustia o de manejo del entorno que van dando forma no solo a posibles síntomas, sino también (y de manera esencial) a aspectos de nuestra personalidad. A continuación, haré una muy breve descripción de las mismas:

Etapa Oral: desde el nacimiento y hasta aproximadamente los dos años, la libido se concentra en la boca que es el órgano con el que el bebé percibe el mundo e introyecta sus contenidos a partir del placer que le genera chupar (libido) y morder (agresión). En esta etapa los contenidos generalmente son sensaciones corporales no-verbales, es por esto que los trastornos que promueven regresiones a esta etapa suelen acompañarse de alteraciones físicas (de carácter conversivo o psicosomáticos) y/o sensoriales (alucinaciones). Atravesar por esta etapa sin complicaciones genera una sensación de congruencia corporal, de estabilidad y diferenciación yo-no yo (que alterados serían fenómenos de despersonalización).

Etapa anal: desde los 2 hasta los 3 o 4 años comienzan a mielinizarse las inervaciones de los esfínteres uretral y anal, por lo tanto, el infante obtiene placer de expulsar y retener. A nivel social comienza el entrenamiento de control de esfínteres, que es una primera introducción a nivel psíquico del concepto de restricción por un lado, y de intimidad por el otro (hay cosas que se hacen en el baño y esto adquiere resignificación en etapas posteriores). También se va significando el concepto de control ya que el niño puede ver las reacciones de sus padres ante sus logros, por ejemplo, el ya no mojar la cama, o por el contrario puede ser testigo de su frustración al no lograr llegar al baño (y ¿por qué no? disfrutar una pequeña venganza porque no le dieron el dulce que esperaba). Expulsar y retener comienzan a entenderse como maneras de interactuar con el entorno y de manejar los sentimientos y emociones propias; esto puede dar lugar típicamente a personalidades que centren su manejo de la ansiedad en torno al control.

Etapa fálica: desde los 4 hasta los 6 años, esta etapa coincide con una maduración cognitiva que permite a los niños hacer conciencia sobre las diferencias. De manera metafórica, la diferencia de los sexos despierta a nivel psíquico fantasías sobre poder y desventajas. Socialmente, desde la etapa anal se han estado introduciendo reglas que conceptualmente tienen que ver con la moral social y que el niño ha ido internalizando.

En este momento surgen sentimientos de apego a los padres y con este apego angustias y reacciones que movilizan el fenómeno edípico, haciéndo referencia a aquel mito que habla sobre la instauración de la ley y de las consecuencias de no seguir esta. Me parece pertinente mencionar que las motivaciones para seguir la ley van cambiando durante la vida, al principio se trata únicamente de evitar castigos, pero eventualmente cuestionamos y seleccionamos una ideología y aceptamos que hay que movernos en el marco de la ley porque esto trae cosas muy buenas consigo, comenzando por la oportunidad de convivir en sociedad y sobre todo preservando los vínculos con otros. Será a lo largo de la vida un equilibrio extremadamente delicado aquel que procuraremos tener, para no caer en los extremos de renegar la ley (y bordear lo perverso) o, por el contrario, someternos a ella anulando así nuestra individualidad.

Latencia: La etapa de latencia se centra en la socialización con los pares, pero no solo eso, también se centra en el comenzar a sentir placer en la laboriosidad (Erikson). La escuela adquiere vital importancia por los trabajos que permiten al niño mostrar sus habilidades y sentir orgullo cuando tiene logros, al mismo tiempo que forma parte de grupos que le ofrecen distintas alternativas de identificación a las que había tenido en casa.

Etapa genital: Desde los 11 años en adelante comienza a desarrollarse la madurez sexual adulta. Los órganos sexuales se vuelven aptos para la reproducción y las funciones cognitivas maduran dando paso al pensamiento abstracto y al enriquecimiento del lenguaje. La interacción con los adultos se modifica, ya que por un lado es necesario un acercamiento que les permita probar sus nuevas habilidades y les provea modelos de identificación, pero por otro, la aparición de los caracteres sexuales secundarios genera un cambio forzoso en las expresiones de afecto que antes eran aceptables (esto claro, por reglas sociales). Desde la escuela de relaciones objetales se habla de una depresión inherente por el alejamiento del adolescente de sus figuras primarias, es en este momento que viene una segunda separación de los padres y comienza la búsqueda de la identidad que consiste en responder ¿Quién soy yo? Esto acompañado del reto de reintegrar las figuras parentelas y con ellas el mundo, con el fin de obtener perspectivas sobre él mismo que se muevan entre tonalidades de gris, y no en una radicalización blanca o negra que a la vez puede escindir al sujeto.

CATÁRSIS

El concepto de catársis aparece como un fenómeno del cual se deriva la técnica psicoanalítica, Roudinesco la describe de la siguiente forma en el Diccionario de Psicoanálisis:

> "Catharsis es la palabra griega utilizada por Aristóteles para designar el proceso de purga o eliminación de las pasiones que se producen cuando el espectador asiste al teatro a la representación de una tragedia. El término fue retomado por Sigmund Freud y Josef Breuer, quienes, en los *Estudios sobre la Histeria*, denominaron "método catártico" al procedimiento terapéutico mediante el cual un sujeto logra eliminar sus afectos patógenos, y después *abreactuarlos*, al revivir los acontecimientos traumáticos a los que aquellos están ligados". (Roudinesco)

En este punto de la producción freudiana, existía la idea de que elementos patógenos causaban el dolor y por lo tanto tenían que hacerse conscientes, bajo este concepto, incluso la hipnosis tendría lugar, ya que la idea era únicamente recordar. Con el paso del tiempo fue quedando claro que recordar no era suficiente, cualquier proceso catártico debería seguir con un proceso de reelaboración y eso es justamente un elemento que distingue el psicoanálisis de otras psicoterapias:

En *Sobre la psicoterapia* (1905)... Freud establece una convincente diferencia entre el psicoanálisis (y el método catártico) y las otras formas de psicoterapia que hasta ese momento existían.

Esta diferencia introduce una ruptura que provoca la segunda revolución en la historia de la psiquiatría (siendo la primera, la introducción del tratamiento moral de Pinel). Para explicarla, Freud se basa en el hermoso modelo de Leonardo Da Vinci que diferencia las artes plásticas que operan *per via de porre* y *per via di levare*. La pintura cubre de colores la tela vacía, también así la sugestión, la persuasión y los otros métodos que agregan algo para modificar la imagen de la personalidad; en cambio, el psicoanálisis, como la escultura, quita lo que está de más para sacar la estructura que dormía en el mármol.

"Esta es la diferencia sustancial entre los métodos anteriores y posteriores a Freud y por su influencia, aparecen métodos como el neopsicoanálisis o el ontoanálisis que también actúan *per vía di levare*, es decir, que tratan de liberar a la personalidad de lo que le está impidiendo tomar su forma pura, su forma auténtica..". (Etchegoyen)

En la actualidad, más que una catarsis, el método psicoanalítico busca promover un *insight*, que consiste en un cambio psicodinámico.

INCONSCIENTE

Empleado por primera vez como término técnico en la lengua inglesa en 1751 (con la significación de no consciente) por el jurista escocés Henry Home (1696-1782). El término "inconsciente" se popularizó más tarde en Alemania, en la época romántica, designando un depósito de imágenes mentales, una fuente de pasiones cuyo contenido escapaba a la conciencia.

"En psicoanálisis, el inconsciente es un lugar desconocido para la conciencia: "otra escena". En la primera tópica* elaborada por Sigmund Freud constituye una instancia o un sistema (Ics) de contenidos reprimidos que se sustraen a las otras instancias: el preconsciente y el consciente (Pcs-Cs). En la segunda tópica no es ya una instancia, sino una característica del Ello y en gran medida del Yo y del Superyo". (Roudinesco)

"En efecto, (señala la autora) en Freud el Inconsciente ya no es una "supra conciencia" o un "subconsciente" situado sobre o más allá de la conciencia, se convierte realmente en una instancia a la cual la conciencia no tiene acceso, pero que se le revela en el sueño*, los *lapsus**, los juegos de palabras, los actos fallidos*, etc. El inconsciente, según Freud, tiene la particularidad de ser a la vez interno al sujeto (y a su conciencia) y exterior a toda forma de dominio".

Roudinesco señala que la concepción inédita del inconsciente propuesta por Freud, puede rastrear sus influencias en la psiquiatría dinámica y la filosofía alemana. La primera surge en el siglo XVIII, retomando la idea de Pascal y Spinoza sobre la limitación de la conciencia por fuerzas vitales incognoscibles (y a menudo, destructoras). Por su parte, la filosofía alemana desde Wilhelm von Schelling (1775-1854) hasta Friedrich Nietzsche (1844-1900), pasando por Arthur Schopenhauer (1788-1860) hace énfasis en "el lado oscuro del alma humana" a la que hay que dar salida. Esto puede contribuir al estigma de que el psicoanalista únicamente busca lo oscuro, como si el hombre tuviera una naturaleza mala o enferma, por el contrario, me parece que el psicoanálisis no emite juicios morales sino que más bien busca entender aquellas normas con las que el propio sujeto ha juzgado aquello que debe ser reprimido y que no debe salir, pueden ser partes del ser libidinales o agresivas (tomemos en cuenta que la agresión, aunque socialmente tiene connotaciones indeseables, desde la teoría psicoanalítica es un elemento esencial para la lucha por la propia vida) y que al reprimirse elementos de la personalidad y quedar ocultos para la persona queda también enterrada una buena parte de su esencia.

En *Estudios sobre la histeria* Freud y Breuer destacan los fenómenos de disociación de la conciencia que da lugar a estados de conciencia anormales (fenómenos histéricos).

En *La Interpretación de los sueños* (1900) se fijan los cimientos para establecer la primera tópica freudiana, es a partir de este momento en el que Freud profundiza sobre la naturaleza fundamental del inconsciente en la vida psíquica; es interesante pensar en la influencia sobre la que construye este concepto, ya que da lugar a los deseos más profundos del ser humano, tanto libidinales (amorosos) como destructivos u oscuros.

Pensar en el inconsciente desde el psicoanálisis no es limitarse a pensar en una estructura que nos determina como si fuéramos una especie de "títeres del destino", más bien es pensar en una instancia en donde se albergan nuestros deseos más profundos, las huellas mnémicas de las primeras experiencias de contacto, donde se encuentra aquella angustia que o bien puede paralizarnos o volverse el motor de la vida.

Interpretación

Laplanche y Pontalis señalan que la interpretación se encuentra "en el corazón de la doctrina y la técnica freudianas", Freud evoca un concepto que se remonta a Aristóteles según el cual el sueño tiene una significación. Pero, al poner el acento al anclaje del simbolismo en la persona humana, hizo del sueño la expresión de la vida fantasmática del hombre, y la traducción de su deseo inconsciente. En este sentido, la interpretación de los sueños no es una técnica mística que se practica de manera aislada del análisis, sino que forma parte del mismo proceso. El sueño es parte de las asociaciones y formaciones del inconsciente particulares de cada paciente, por lo que dentro de la doctrina freudiana no se pueden hacer interpretaciones generales sobre el simbolismo del sueño. Este será un punto importante de desencuentro con la propuesta de C.G. Jung, quien propone que en los sueños se expresan símbolos milenarios que se remontan a la historia de la propia humanidad y que incluso pueden predecir su destino.

Para Freud, en *La interpretación de los sueños*, la interpretación consiste en dar significación a los contenidos latentes del sueño provenientes de asociaciones únicas en cada paciente, que si bien están insertos en un contexto cultural en donde se comparten símbolos, generan asociaciones únicas basadas en la continuidad y la semejanza de los signos y de las experiencias propias. Este mismo fenómeno sucede en el discurso, por lo que la interpretación será toda intervención que dentro de un análisis apunte a la simbolización y la significación del mismo, extendiéndose a los actos, fantasías, formaciones del inconsciente como *lapsus*, etc. Etchegoyen retoma en su libro *Los fundamentos de la técnica psicoanalítica* un texto de Freud llamado "Sobre la iniciación del tratamiento" (1913), en el que Freud señala que en los primeros tiempos de la técnica analítica se dejaba guiar por una actitud mental intelectualista que le hacía creer que lo más importante era que el paciente recordara lo que había quedado reprimido. Sin embargo —señala Etchegoyen— los resultados eran desalentadores y Freud comprendió que no basta con saber, sino que hay que trabajar con las resistencias que se han generado ante ese saber, es decir, lo reprimido debe surgir a través del trabajo con las resistencias, por lo que las interpretaciones tienden a dirigirse a ellas.

Hay muchos tipos de interpretación dependiendo de la escuela teórica que se estudie, pero en términos generales, todas comparten ciertas características: En primer lugar, estas solo deben dirigirse al paciente, dentro del psicoanálisis las interpretaciones no se dirigen a familiares o al entorno; esto considerando por supuesto, que contamos con otras herramientas técnicas como las preguntas, señalamientos, confrontaciones o esclarecimientos (clarificaciones) que ayudan a preparar al paciente para las interpretaciones, el aclaramiento o resignificación de su entorno y para la modulación de la ansiedad. Otra característica de la interpretación es que esta no debe estar motivada por las necesidades o deseos del analista, sino que debe presentarse en un timing* congruente y con información pertinente para el paciente.

Siegfried Bernfeld propone tres clases de interpretación: finalista, funcional y genética. La primera descubre el propósito o la intención de una acción, la segunda clase remite al contexto intencional o el papel que cumple una acción en una serie de eventos y la genética tiene que ver con reconstruir para descubrir nexos que han quedado ocultos en el vínculo entre una acción y su motivación. Las interpretaciones genéticas pueden ser similares a las históricas, que son aquellas que buscan rastrear el origen de un síntoma o de una asociación. También podemos encontrar interpretaciones transferenciales, que son las que interpretan el contenido a partir de su actualización en la relación con el analista, las extratransferenciales y finalmente las integrativas o completas, que unen el conflicto infantil con el conflicto actual y la transferencia.

David Liberman hace hincapié no solamente en los elementos técnicos de la interpretación sino en una función de la misma que consiste no en "dar" información al paciente sobre él mismo, sino en presentarle "un segundo sentido" a su experiencia.

"La interpretación es también una nueva conexión de significado. El analista toma diversos elementos de las asociaciones libres del paciente y produce una síntesis que da un significado distinto a su experiencia... La interpretación no descalifica (ni reniega de) la experiencia previa del paciente*; si lo hiciera ya no sería interpretación sino una maniobra defensiva del analista (negación, identificación proyectiva, etc.) más próxima a la vivencia delirante primaria* que a la información". (Etchegoyen)

De alguna manera, la interpretación es una "hipótesis que está hecha para ser dada, para ser comunicada... y la única forma de testearla es comunicándola".

La interpretación se conforma por los elementos de información, significación y operatividad (en tanto que esta va orientada a promover un *insight*). Es importante aclarar, aunque parezca contradictorio, que el objetivo del analista al interpretar no debe ser el forzar un *insight*; sabemos de manera empírica que ese es el resultado natural que esta conlleva, pero es el renunciar a esa expectativa lo que nos permitirá hacer la interpretación con la intención adecuada, es decir, motivada por el *timing* del paciente y no por nuestras necesidades personales. Freud señala en "Consejos al médico" que debemos mantener "una actitud de libertad para el otro, no de coacción: de desinterés, no de exigencia".

Otros autores hacen aportaciones teóricas que contribuyen al entendimiento y enriquecimiento de esta herramienta técnica, Etchegoyen señala:

> "Anzieu piensa que el psicoanalista es un intérprete vivo y humano que traduce el 'idioma' del inconsciente para otro ser humano; y, como el intérprete que vuelca un idioma a otro, el analista no opera nunca como máquina o robot, justamente porque toda traducción es solo una equivalencia, una aproximación... El analista interpreta en el mismo sentido que el músico interpreta su partitura o el actor su papel, esto es, comprendiendo y expresando las intenciones del autor... respeta y conserva el texto, pero lo reproduce a su manera... la interpretación psicoanalítica, testimonia el eco encontrado en el analista, no tanto por las palabras sino por las fantasías del paciente". (Etchegoyen)

Por otra parte, desde el punto de vista de Theodor Reik, las interpretaciones que promueven los *insights* más efectivos, para él, son los que conllevan un elemento inesperado o de sorpresa:

> "La interpretación o la reconstrucción del analista no operan solamente desde el punto de vista topográfico haciendo consciente lo inconsciente. Hay también un desplazamiento energético como el que Freud estudió en *El chiste* (1905) que tiene que ver con lo económico, y por fin un efecto dinámico, en cuanto el *insight* permite apreciar al analizado cómo coincide lo que estaba reprimido con la realidad material del momento, cuando el analista pone en palabras lo reprimido.

La sorpresa con que el analizado recibe una interpretación acertada tiene algo de la vivencia mágica al ver que lo esperado aparece efectivamente, en la misma forma en que nos sorprendemos cuando después de haber pensado en un amigo que hace mucho no vemos se nos aparece en la calle. La interpretación produce sorpresa en esta forma, en cuanto es un mensaje concreto que trae a la conciencia del paciente algo con lo que él estaba muy familiarizado..". (Etchegoyen)

Reik agrega, en una apuesta por la intuición del analista, que no es solo el paciente sino el analista quien también debe dejarse llevar por la sorpresa, "porque solo podrá verdaderamente operar a través de la sorpresa con que recibe su propia conciencia el proceso de elaboración que tuvo lugar en su inconsciente".

Transferencia

La transferencia es definida como un "proceso constitutivo de la cura psicoanalítica, en virtud del cual, los deseos inconscientes del analizante concernientes a objetos exteriores se repiten, en el marco de la relación analítica, con la persona del analista, colocado en la posición de esos diversos objetos".

La transferencia es un término utilizado por Sigmund Freud y Sandor Ferenczi (entre 1900 y 1909) para designar un proceso o fenómeno que permitió que el psicoanálisis trabajara con los conflictos actuales del paciente. Por medio del establecimiento de la transferencia es que el paciente dirige su discurso no a la figura del analista, sino a lo que esta le representa. Esto gracias a la regla de abstinencia que es parte esencial del encuadre psicoanalítico ya que ayuda a que fomentemos que el paciente pueda proyectar en nosotros sus propios contenidos y fantasías como si fuésemos un espejo.

Las interpretaciones psicoanalíticas apuntan justamente al esclarecimiento de la transferencia, ya que se interpreta "en el aquí y en el ahora, lo que sucedió en el allá y en el entonces". Por su parte, Lieberman y los Baranger hablan del concepto de pareja analítica, cuestionando si es verdaderamente posible que el analista pueda funcionar, en efecto, como un espejo y planteando que la situación analítica es más bien un "campo dinámico" (1961-62) de carácter bipersonal, por lo que las intervenciones y habilidades del analista serán distintas dependiendo de cada paciente.

Al revisar este término, queda en evidencia entonces la importancia de la regla de la asociación libre ("procedimiento, en virtud del cual, en la cura, el paciente expresa sin discriminación todos los pensamientos que le pasan por la mente"*), ya que no es el analista quien introduce los temas, sino el propio paciente y es en esa selección de temas y palabras (¿a quién le habla el paciente cuando habla?, ¿puede el analista siempre escuchar y entender a quién se dirige su paciente?) que podremos encontrar el conflicto disfrazado con su representación o representaciones actuales y que mientras no sea elaborado, seguirá repitiéndose en una suerte de circulo vicioso llamado "compulsión a la repetición" hasta que logre ser elaborado. En "Más allá del principio del placer", Freud asocia la repetición en transferencia con fragmentos de la vida sexual infantil. Neurosis de transferencia, es el nombre del fenómeno, por medio del cual el paciente establece una relación con el analista marcada por proyecciones y conflictos infantiles que se actualizan y por lo tanto se repetirán de manera actual.

Si bien la transferencia puede encontrarse presente en todo tipo de relaciones humanas, el trabajo analítico se centra en detectarla para que de esta forma pueda tener lugar la reelaboración de la propia historia. La figura del analista escucha con su atención flotante no el discurso lógico, sino el discurso de lo inconsciente que se filtra en la asociación libre, *lapsus*, sueños o fantasías y que puede trabajarse dentro del vínculo analítico; en el que a diferencia de otro tipo de vínculos, una de las dos partes se encuentra preparada para recibir los contenidos del otro sin juzgarlo y a la vez sin engancharse con sus demandas. En su lugar, el analista deberá tratar de observar dichas demandas y devolvérselas al paciente, fomentando así que este asuma sus propias necesidades y deseos.

Es a partir del manejo de la transferencia, la contratransferencia y otros elementos del psicoanálisis que las distintas escuelas psicoanalíticas elaboran sus propuestas teóricas ¿qué lugar tiene esta en la cura?, ¿cómo debe ser manejada por el analista?, estas preguntas se entrelazan con las que planteo al principio de este artículo que tienen que ver con la finalidad (objetivos) y el final (terminación) de un análisis.

CONTRATRANSFERENCIA

La contratransferencia es un fenómeno extremadamente controversial en psicoanálisis ya que la postura con respecto a su motivación, así como la posibilidad de su uso técnico han generado debates entre las diferentes escuelas psicoanalíticas.

En términos generales, la contratransferencia es un fenómeno reactivo a la transferencia del paciente mezclado con las reacciones afectivas del analista y/o elementos no analizados del mismo. Si bien todas las escuelas psicoanalíticas hacen énfasis en que esta debe ser detectada por el analista y jamás actuada (ya que esto sería una falta ética. De hecho es una de las críticas principales que desde el psicoanálisis se le hace a otros modelos terapéuticos donde no se le exige rigurosidad al terapeuta dentro de su trabajo personal), la controversia reside en el uso de la misma dentro del consultorio, siendo los analistas de la escuela francesa los principales opositores y los analistas postkleinianos quienes más rescatan las oportunidades que su uso puede aportar dentro de un análisis.

Escuelas y autores principales del pensamiento psicoanalítico
Las distintas escuelas psicoanalíticas se establecieron al entender e interpretar de manera particular los conceptos y estructuras propuestas por Freud, dando prioridad a distintos elementos sobre otros por ejemplo: agresión, narcisismo o el problema de la naturaleza *vs.* la cultura en la estructuración de un individuo. Las escuelas también tienen discrepancias importantes en las hipótesis genéticas, de hecho, este es uno de los temas más controversiales en psicoanálisis (e incluso me atrevería a decir que es una crítica que se extiende a otros pilares de la psicología).

Señala Hugo Bleichmar: "Las teorías sobre los primeros procesos del desarrollo mental no son verificables por la observación directa, ni por su aplicación para comprender la patología posterior, ni por los resultados terapéuticos que se obtienen al preferir una explicación genética sobre otras. Se vuelve una cuestión de fe o dogmatismo. El pensamiento basado en concepciones genéticas lleva a lo que Hartmann agudamente denominó falacia genética: inferir apriorísticamente que, si encontramos tal estado en un adulto, eso repite una etapa anterior de manera directa y mecánica". (1997)

A pesar de esto, los autores postfreudianos se han dado a la tarea de elaborar modelos de la mente basados en la observación y en la escucha de la problemática o el discurso de los pacientes en consulta, acompañados de modelos técnicos para la práctica de la clínica psicoanalítica.

Sería imposible hacer un resumen de cada escuela, debido al amplio desarrollo que cada una ha tenido y continúa teniendo, sin embargo, me parece que vale la pena mencionarlas:

"Podemos establecer tres grandes líneas en el desarrollo de la teoría psicoanalítica después de Freud: los trabajos de Melanie Klein, los de Lacan y los de Hartmann. Estos autores introducen un viraje original y los enfoques que proponen cambian los basamentos del psicoanálisis clásico". (Bleichmar)

Desde Hartmann surge la escuela americana o escuela del yo, con una fuerte influencia de la medicina y la psiquiatría; privilegia el fortalecimiento de dicha estructura psíquica y el trabajo interpretativo orientado a las defensas, al apego, a la realidad y la adaptación del sujeto a su medio.

La escuela Kleiniana o escuela inglesa pone el énfasis en las fantasías inconscientes tempranas y en el manejo de las relaciones objetales (vinculación del sujeto con los objetos internalizados de su entorno). Los autores Kleinianos y postkleinianos siguen esta línea teórica con ligeras variaciones, como Winnicott, quien toma en consideración el vínculo real con la madre y no solo la fantasía del bebé.

Bibliografía

Freud, S. (1890), *Tratamiento Psíquico (Tratamiento del Alma)*. En Sigmund Freud Obras Completas Tomo I, Bs. As. Argentina, Amorrortu Editores.

Freud, S., Breuer, J. (1893-1895) *Estudios Sobre la Histeria*, En Sigmund Freud Obras Completas Tomo II, Bs. As. Argentina, Amorrortu Editores.

Freud, S. (1913 (1911)) *Sobre Psicoanálisis*. En Sigmund Freud Obras Completas Tomo XII, Bs. As. Argentina, Amorrortu Editores.

Freud, S. (1900 (1899)). *La interpretación de los sueños*. En Sigmund Freud Obras Completas Tomo IV, Bs. As. Argentina, Amorrortu Editores.

Roudinesco, E., Plon, M. (1999) *Diccionario de Psicoanálisis*. Bs. As. , Argentina, Ed. Paidós Ibérica.

Etchegoyen, H.,(2010) *Los Fundamentos de la Técnica Psicoanalítica*. Bs. As. Argentina, Amorrortu Editores.

Bleichmar, N., Leiberman, C. (1997) *El Psicoanálisis Después de Freud*. México, Ed. Paidós Psicología Profunda.

Bollas, C. (2013) China on the Mind. NY, New York. Routledge.

"Del psicoanálisis, partamos solamente de lo que por ahora es nuestro punto firme: que se practica con un psicoanalista. Hay que entender acá "con" en el sentido instrumental, o al menos les propongo entenderlo así (...) con un psicoanalista que el psicoanálisis penetra en eso es lo que se trata; si el inconsciente existe y si lo definimos como parece al menos después del largo camino que venimos haciendo desde hace años en ese campo, ir al campo del inconsciente es propiamente encontrarse al nivel de lo que mejor se puede definir como efecto de lenguaje (...) ese defecto puede aislarse en alguna especie de sujeto, que hay saber encarnado (en tanto qué es esto lo que constituye el efecto típico del lenguaje), sin que el sujeto que sostiene el discurso sea consciente de él en el sentido en que hacer acá conscientes de su saber sería hacer codimensional a lo que el saber implica, sería ser cómplice de ese saber". (Lacan, 1967)

En las primeras páginas de los escritos denominados lacanianos, Jaques Lacan nos hace una advertencia que habrá que tener en consideración en nuestra práctica clínica, no se trata de comprender los escritos sino de leerlos y es necesario que el lector ponga de su parte, que ponga algo de él en ellos. (Lacan, 1966) Como dijo nuestra querida María Salamanca en el capítulo conferido al psicoanálisis freudiano, la apuesta de nuestra disciplina es la escucha del inconsciente. Es poder escuchar en las fallas, en el sin sentido, en los actos fallidos, en los sueños, chistes y *lapsus* algo de lo que compete y atravieza completamente a aquel que viene y habla. Dicho lo anterior, empezaré por plantear una dificultad que, hasta nuestros tiempos, sigue siendo tema de discusión. Es difícil poder plantear un psicoanálisis lacaniano como tal, ya que, a lo largo de la vida de Jaques Lacan, que es a partir de quien denominamos esta forma de ejercicio clínico, este tuvo siempre como primacía el estudio de Freud y su praxis. Sin embargo, hizo aportaciones importantísimas a las formas en las que actualmente se piensa y se ejerce esta práctica analítica.

A lo largo de este texto intentaré dar algunos de los fundamentos en los que, para Lacan, está fincada su doctrina psicoanalítica, así como las influencias y los vectores que le ayudaron a subvertirlo.

Lacan y sus inicios

Jacques-Marie Émile Lacan fue un psiquiatra francés quien estuvo inmerso en movimientos culturales, filosóficos y sociales, los cuales le fueron de suma importancia al momento de ejercer su práctica clínica. De padres católicos y con un legado de fábricas vinagreras, nuestro Lacan se abrió campo en la academia sobresaliendo desde muy joven en materias como filosofía, literatura y sociología. Fue un gran lector de Spinoza, Hussell, Descartes y Nietzsche; se valió de grandes literatos como Joyce y su *Ulises*, y Margueritte Durás, entre otros.

Este acercamiento a Joyce rendirá frutos importantes más adelante. Fue estudiante de neurología y posteriormente realizó estudios en psiquiatría. Con su lectura spinocista, Lacan llevaba a la par de la carrera de medicina, diferentes seminarios que le brindaban una visión más amplia para su clínica. Tuvo maestros muy importantes para la época como Georges Dumas, Henry Claude y Clerambault. Este último generó una gran inquietud en nuestro joven médico quien posteriormente realizaría importantes referencias a la aportación clínica psiquiátrica de su maestro: el "automatismo mental". Realizó sus primeras presentaciones de enfermos mostrando un interés y una visión freudiana, dividida todavía en escuelas y en los diferentes intereses de las mismas, que posteriormente pulirá y subvertirá. Sus compañeros notaban de él su admirable ojo clínico y advertían su excentricismo, su soberbia y su muy particular modo de hablar, escribir y relacionarse con sus pacientes.

Fue hasta el 18 de junio de 1931, que conoció a una paciente que se volvería pivote en su carrera, su Aimee (amada). Tomó su caso y se dedicó a ella, a escucharla y a leer sus textos. Su forma de trabajo estaba profundamente cruzada por el estilo y la enseñanza de Clerambault, fue así como comenzó su tratamiento a partir de una "psicosis paranoide" y su relación durante un año. Marguerite Pantaine (Aimee) era una escritora la cual arribó a los cuidados psiquiátricos de Saint Anne luego de una tentativa de homicidio a la actriz Huguette Duflos (su verdadero nombre era Hermance Hert). Es desde la psiquiatría que Lacan coquetea con las lecturas freudianas para poder comenzar a esbozar lo que sería su matriz, como dice Roudinesco, o su escobilla, como le llama nuestra querida Liora Stavchansky a nuestra praxis analítica.

OTRAS PERSPECTIVAS

Desde su juventud, Lacan estableció relaciones de amistad y de trabajo con personas muy importantes para la época. Su relación con los surrealistas, los dadaístas, las influencias de la lingüística, la medicina, la antropología, los estructuralistas, los filósofos, entre muchos otros, le permitieron a Lacan leer los escritos freudianos con otros lentes. Lacan ejerció su práctica clínica psiquiátrica por mucho tiempo en hospitales psiquiátricos a la par que se codeaba con las figuras surrealistas de la época: Bretón, Dalí, Duchamp, etc. Estas figuras, le brindaron otras herramientas para su escucha; la apuesta por el deseo libre, por la asociación, por la locura y el delirio como referentes de verdad subjetiva. Desde la filosofía, Lacan asistía tanto a seminarios como a reuniones sociales con Kojève, Bataille, Sartre, Simone de Beauvoir, Jean Hyppolite, Koyre, Ricoer, Derrida, Levinas, Althusser, Merleau-Ponty, Courbin, entre otros, en donde discutían a Husserl, Nietzche, Heidegger, Hegel, Sade, Platón, Aristóteles, Spinoza, etc.

Todos estos personajes tendrán resonancias a lo largo de la doctrina lacaniana en la forma de pensar la ética, la concepción de sujeto barrado, la construcción del Otro, la negación, la dialéctica amo-esclavo, el deseo del analista, las fórmulas de la sexuación y el objeto "a" entre muchos otros elementos.

Posteriormente, el acercamiento a Ferdinand de Saussure le abrió las puertas a la lingüística y al uso del signo saussuriano para subvertirlo y alternar las posiciones del mismo, es decir, privilegiar el significante sobre el significado. Este movimiento fincará la escucha lacaniana.

Del mismo modo, sus posteriores acercamientos a lingüistas destacados con los que posteriormente formará lazos amistosos, como Jackobson, le permitirán seguir avanzando en la metáfora y en la metonimia como análogos de la condensación y el desplazamiento freudiano. De aquí podemos partir de una de las frases célebres de nuestro Lacan: "El inconsciente está estructurado como un lenguaje". De igual modo, Lacan tuvo un acercamiento al movimiento estructuralista y a la antropología con el ya conocido y muy reconocido Levi

Strauss. Sus estudios etnográficos y su lectura freudiana, "Las estructuras elementales del parentesco", así como su finísima lectura de Marcel Mauss y su teoría del don, fueron aportaciones cruciales para el pensamiento lacaniano. Asimismo, brindaron a Lacan la noción de estructura para pensar el vacío como elemento fundamental de proceso de subjetivación, la función paterna y la primacía del significante.

Entonces ahora nos enfrentamos con una posición clínica analítica distinta a lo que se enseñaba en la Sociedad de Psicoanálisis de París (SPP). La noción de "spaltung" de Freud era ahora leída desde todas estas corrientes, dando como resultado un sujeto atravesado, barrado por el lenguaje ($), por el Otro (ya entraremos en detalles mas adelante), inmerso en una estructura que es la del lenguaje en donde el inconsciente no es más un saber inmerso en el sujeto, sino que se encuentra en la superficie del lenguaje. Un sujeto que representa a un significante para otro significante.

La IPA (Asociación Psicoanalítica Internacional)

Lacan inicia su propio análisis con Rudolph Loewenstein en junio de 1932, un análisis tormentoso y atropellado ya que posteriormente, el director de la SPP dirá que Lacan es simplemente inanalizable. En 1934, Lacan forma parte de la SPP comenzando su formación propiamente como analista. Durante su recorrido, Lacan comienza a cuestionar las formas de transmisión, las prácticas y los modos de los analistas que seguían el linaje freudiano en su praxis como la duración de las sesiones, la lectura de los textos freudianos y por consiguiente, del inconsciente, así como del fin del análisis, la posición del analista, entre otros.

Desde el inicio, Lacan era incómodo para las elites de la SPP debido a los planteamientos teóricos y los cuestionamientos que presentaba en los congresos, así como su ejercicio clínico dentro de la institución, por lo que su figura y presencia controversial e irreverente tomaba cada vez más fuerza. Para 1953, Doltó, Lagache, Favez-Boutonier y Reverchon-Jouve salen de la escuela de la IPA para fundar la Sociedad Francesa de Psicoanálisis (SFP), misma a la que Lacan había sido invitado. Lacan se encontraba en la SPP impartiendo modelos prácticos y clínicos novedosos, aunque sumamente cuestionados por las autoridades de la institución; sin embargo estaba deseoso de pertenecer a la SFP junto a sus compañeros. Posteriormente, en su viaje a Roma, redacta el "discurso de Roma" para priorizar la palabra y sus vertientes sobre la clínica analítica.

Es así como Lacan logra fijarse una posición y un lugar en la SPP gracias a sus textos del "Estadio del espejo y su formación del yo", "El discurso de Roma", "El mito individual del neurótico" y la conferencia de "Lo simbólico, lo imaginario y lo real", en donde postula su retorno a Freud y su aportación al mismo. Los tres registros en los que Lacan a partir de ahora pensará al sujeto y al inconsciente, tomarán distintas primacías. En un inicio, el registro primordial en la triada sería el imaginario, cediendo su lugar al simbólico y la primacía significante para posteriormente, en los años 70, ser relevado por lo real.

Jean Allouch retomará lo que Lacan dirá al respecto de su aportación de los tres registros y es que, en su discusión con Freud, Lacan "desliza los tres registros sobre los pies de Freud" haciendo una diferencia entre la lectura psicoanalítica considerada "apropiada" o "correcta" hasta ese momento y el retorno a Freud desde el cuestionamiento de Lacan.

Para 1953 Lacan ya tenía un lugar importante, controversial y altamente reconocido en la IPA, tanto para los que lo seguían como para quienes deseaban destituirlo a como diera lugar. Diez años más tarde, la historia daría un vuelco que obligará tanto a nuestro autor como a sus seguidores a moverse de lugar, a seguir creando y proponiendo formas de escucha.

Salida de la IPA

Siguiendo su trayectoria clínica dentro de las puertas de la SPP, Lacan seguía manteniendo consultas irregulares, con tiempos irregulares, precios irregulares y cátedras irregulares con alumnos y pacientes, que serían ellos mismos futuros analistas. Estas prácticas, así como su seminario en Saint Anne y las presentaciones de enfermos que mantuvo por mucho tiempo, incomodaban a las jerarquías de la SPP, quienes dejaron clara su postura el 14 de enero de 1964 cuando Lacan, como él lo enunció, es excomulgado de la Internacional estableciendo así una controversia entre los alumnos seguidores de Lacan, sus pacientes y los que estaban en completo desacuerdo con sus doctrinas. A raíz de este movimiento, Lacan movió su seminario a la Escuela Superior de París en donde impartía sus cátedras con un público distinto, diverso en opiniones y en carreras, por lo que tuvo que modificar su forma de transmisión, así como su vocabulario. Este movimiento lo llevó a la profundización de sus estudios en matemáticas y topología principalmente, al igual que a dialogar con filósofos reconocidos de la época como Michael Foucault.

Aportaciones de Lacan al psicoanálisis

1. *Lo simbólico, lo imaginario y lo real*

Esta triada es fundamental para las aportaciones lacanianas. Estos tres registros, a lo largo la obra de Lacan, tomarán distintas primacías y se acomodarán en diferente orden, sin embargo, lo que sostiene a los tres registros es precisamente su movilidad y su función en tanto esferas en donde está inmerso el sujeto, el significante, etc.

Lo simbólico está dado por el lenguaje, la riqueza del lenguaje. Es la primacía del significante. Lo imaginario pertenece a la realidad cotidiana a la que nos enfrentamos, a lo especular, lo que vemos y con lo que nos relacionamos. Lo real, y este es un apartado delicado ya que Lacan tardó mucho tiempo en delimitarlo, es lo imposible, lo inaprensible y lo que no tiene representación y no alcanza la palabra. Para la última enseñanza de Lacan, lo real estará en un lugar primordial.

2. *El significante*

Desde el inicio, Lacan genera aportaciones a partir de la primacía del significante. Significante, siguiendo a Saussure, como la imagen acústica, desprovista de significado. Al invertir la fórmula saussuriana, Lacan brinda al significante y a su polifonía una oportunidad de poder generar distintas asociaciones del hablante a partir de cómo suenan las palabras y cómo resuenan en aquel que habla; moviendo las directrices del dispositivo planteando un el sujeto del inconsciente, es así como los analizandos se vuelven analizantes de su propio discurso.

Siguiendo a Fredinand de Saussure: "Supongamos que un concepto dado desencadena en el cerebro una imagen acústica correspondiente: este es un fenómeno enteramente psíquico, seguido a su vez de un proceso fisiológico..." (Saussure, p.39), entonces "La imagen acústica viene a asociarse con un concepto" (Saussure, 42). Esto quiere decir que, a partir de nuestro campo de significación y referencia, asociamos imágenes con conceptos, palabras con cosas, significados semánticos para poder emitir un significante que lo englobe.

Entonces, el significado sería el concepto general de un referente y el significante sería la huella psíquica que evocaría al mismo. La imagen más común para representar esto es un árbol.

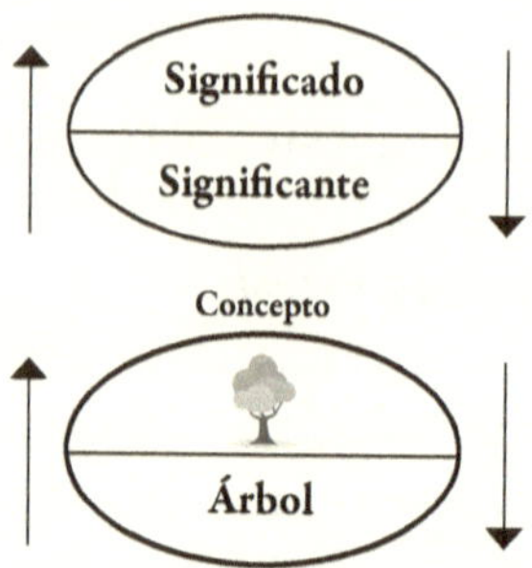

Para Lacan, es justo lo contrario. Es privilegiar el fonema, el sonido por sobre el significado. Así que al signo saussuriano se le es invertido, desligando el significado del significante. Se trata entonces de jugar con las palabras, de jugar con el lenguaje, con los fonemas y con la historia personal de cada uno, se trata de las resonancias del alma de aquel que habla.

3. Sujeto supuesto saber

Establece la categoría de un *sujeto supuesto saber* encarnado por la presencia del analista el cual lo único que puede saber es que, de aquel que habla, no se sabe nada. En el seminario de *Los cuatro conceptos fundamentales del psicoanálisis*, Lacan hace alusión a la transferencia a partir de una caja de cerillos con la siguiente inscripción: "el arte de escuchar casi equivale al del bien decir...ojalá logremos estar a su altura" (Lacan, 129). Con este paso, genera distintas aportaciones y modificaciones a la transferencia, desviándola de un registro especular a un elemento fundamental para el análisis en tanto que privilegia al sujeto del inconsciente, no a la persona. —Siguiendo a Lacan—: "este concepto está determinado por la función que tiene en una praxis. Este concepto rige la manera de tratar a los pacientes. A la inversa, la manera de tratarlos rige el concepto". (Lacan, 130)

4. La transferencia

Anteriormente, en el seminario dedicado exclusivamente a la transferencia, Lacan iniciará con una frase basada en *El banquete* de Platón, así como en el análisis de Anna O. y la relación con Breuer: "Al principio era el amor" (Lacan). Al principio era el amor, por lo que Lacan va a sostener que la presencia del analista es parte del inconsciente ya que, siguiendo a Freud, es la relación amorosa cuyo destino pulsional será otro al amor común. Esta relación transferencial se sostendrá hasta el final del análisis.

Ahí donde Breuer huye de lo que acontece en relación a Anna, Freud escucha y le da lugar a la palabra de aquella, "Breuer amó a Ana".

Lacan en este seminario hace un recorrido por *El banquete*, haciendo alusión a la figura de Sócrates como el primer analista en relación a la transferencia con Diótima y Alcibiades, cuando Alcibiades formula que dentro de Sócrates hay algo que no se ve pero enamora a los jóvenes y, vía las preguntas, puede acceder a la verdad de cada uno. Esto más adelante nos será de gran utilidad para la elaboración de, según Lacan, su único invento en psicoanálisis, el *objeto a*.

Establece igualmente tres tiempos para el análisis: la instancia de la mirada, un tiempo para comprender y un momento de concluir, estableciendo así otro distanciamiento con el análisis terminable-interminable freudiano. Ahora no son horas de vuelo, sino lo que importa es el tiempo que el sujeto tome para atravesar estas facetas que son ahora momentos lógicos y no cronológicos. Siguiendo con su lectura freudiana, estos movimientos están basados en el *nachträglich* freudiano, *aprés coup* en francés, en donde el tiempo del inconsciente es hacia atrás, provocando movimientos subjetivos en el hablante. Así mismo, sostiene que la duración de las sesiones es variable e introduce la escansión como recurso clínico fundamental para generar cortes en el discurso y provocar movimientos. La escansión está dirigida a la escucha de significantes amo, significantes que tienen primacía en la cadena significante de la singularidad de cada hablante para que sean escuchados y provoquen nuevas cadenas asociativas.

Todo esto en un plano estructuralista en donde el vacío, los huecos, las fallas y las *hiancias* son lo más tocante al sujeto y en donde están las posibilidades de producir efectos de subjetivación, movimientos en la subjetivación. Entonces podemos decir, siguiendo a Lacan, que un sujeto es lo que representa un significante para otro significante y la estructura del mismo producirá efectos diversos y singulares en el análisis. Aquí tomamos distancia una vez más de la fenomenología, al decir que sujeto y persona no son lo mismo bajo ninguna circunstancia. Persona es ese otro especular, es el que puedo ver, tocar y relacionarme con; persona hace referencia a algo consciente, mientras que sujeto es ese que aparece y borra sus huellas (las formaciones del inconsciente: lapsus, chiste, actos fallidos, sueños), el sujeto del inconsciente que es el que nos interesa. Estamos entonces frente a la apuesta por la enunciación.

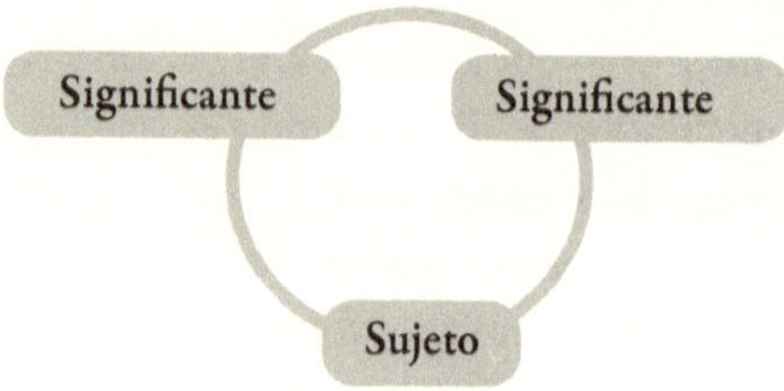

Dentro de la historia y el caminar de Lacan, existe un significante que será de suma importancia desde sus inicios hasta el final, el significante del Nombre del Padre. Este significante tomará distintas vertientes al ser, principalmente el S1 (Primer Significante) el inaugurador de la cadena discursiva. Para 1955, Lacan estará dictando su seminario sobre las psicosis. Este seminario fincará las pautas para pensar en ese significante como inaugurador de la subjetivación y que, si ese significante se forcluía (entraba y salía de la cadena enunciativa), el resultado producía un delirio, un desencadenamiento que tendría como resultado una psicosis en tanto que el significante inaugural no estaba en su lugar, en su posición. No habría entonces nada que hiciera un corte en el deseo materno, por lo que el sujeto quedaría totalmente inmerso en el goce del Otro. No contaríamos con ese significante que hiciera un punto de *capitón* en la estructuración psíquica que abrocha al sujeto.

Posteriormente, hablará de Los Nombres del Padre en pro de la posibilidad de construir un nombre propio, que sería la posibilidad de crear una posición propia, singular, no repetitiva; asumiendo la castración, la imposibilidad del universal y tomarla como motor creador subjetivo.

Finalmente nos topamos con el *objeto a*. Para comenzar a profundizar en este aspecto es necesario repasar una serie de elementos que se han mencionado sin esclarecerse.

Para Lacan, la dimensión del Otro (con mayúscula) tendrá diferentes representaciones. En un primer momento, aparecerá como entero, completo, sin fracturas, por lo que podemos hablar de un símil con el lenguaje, la madre, Dios, aquello que no tiene límites, pero su efecto es el de escindir al sujeto, castrarlo, barrarlo de toda omnipotencia. El resultado de este atravesamiento es un sujeto deseante; un sujeto, al lenguaje principalmente, que lo arroja a tener un lugar en el mundo. Un sujeto tomado por el deseo del Otro (S(A)) en cuya herencia puede cimentarse una historia, una genealogía, una posibilidad de existencia. Dentro de la obra de Lacan se puede ubicar, en sus primeros años de enseñanza como S(A). Posteriormente las cosas se empiezan a complicar.

Haciendo honores a sus lecturas nietzcheanas, spinocistas etc. se planteará al Otro como barrado, incompleto, por lo tanto, deseante. Si a ese Otro al que nos conferimos, nos confiamos, nos sometemos y aceptamos sin pestañear está incompleto, entonces esto representa a su vez la caída de los ideales, de los universales.

El *objeto a* es ese objeto no especular que evidencia el atravesamiento del Otro sobre el sujeto. Es el residuo, el resto de esta operación es ese elemento que encamina al sujeto a su deseo ya que señala directamente la falta, la castración del sujeto, así como su deseo. Este objeto es al que se hacía referencia anteriormente con eso que tiene Sócrates por dentro que es invisible, pero se puede dar cuenta del mismo por sus efectos, porque enamora a los jóvenes. Este objeto ocupará distintas posiciones en el proceso de subjetivación del sujeto comenzando por la mirada, la voz, el pecho, las heces y el falo. Así como el significante lleva la pauta en la escucha analítica, es indispensable señalar en este punto que 'falo' de ninguna manera es un sinónimo de pene, todo lo contrario. El falo será aquel significante que aluda a la falta, el falo es el significante de la falta. Del mismo modo es imposible que sea especular.

Esta misma dimensión es la que toma el *objeto a*, causa de deseo, por un lado, y por el otro, evidencia de resto, de deshecho. Este lugar será el que Lacan posteriormente designará como el lugar del analista que igualmente estará en posición de causa de deseo y tendrá que caer, tendrá que ser igualmente deshecho del hablante.

5. Topología, nudos y el último Lacan

A partir del seminario de la transferencia, Lacan va a comenzar a desarrollar vías alternas para el estudio del inconsciente. Para poder seguir adelante es importante retomar un postulado freudiano crucial en donde transforma el *cogito* cartesiano del "pienso, luego existo", en "Wor es war, soll ich werden" *(donde ello era, yo devendrá)*. Lacan sigue en todo momento a Freud, sin embargo, subvierte sus enseñanzas y sus textos dándoles un giro lógico para tomar distancia y crear algo nuevo. Es precisamente en donde *ello* aparece que el sujeto del inconsciente toma lugar; aparece para posteriormente borrar sus huellas. Aquí, en el *no pienso* es en donde Lacan finca al sujeto del inconsciente. Cuando escribe:

"Yo la verdad hablo", está haciendo referencia precisamente a un juego de palabras en donde la verdad que nos interesa en la clínica lacaniana es la del inconsciente, en tanto esta verdad, sostiene la primacía del ello, de lo inconsciente por sobre el yo ficción. Por lo tanto, habremos de escuchar las formaciones del inconsciente en lo más superficial del lenguaje. Se tratará entonces que ello hable.

Para sostener esto, Lacan se apoyará ahora de las matemáticas, de la lógica aristotélica, de la teoría de conjuntos (Nicolás Bourbaki), de Fregue, Cantor, Fibonacci, de la topología y de los nudos, para esclarecer lo que serían sus últimas aportaciones. Sostener vía las matemáticas la inexistencia de la relación sexual, abrir paso al azar y fundamentar desde la lógica un lugar de enunciación.

En el seminario de la identificación, Lacan comienza a hablar del rasgo unario, del rasgo fundador de la singularidad, único e irrepetible, a partir del cual la singularidad del hablante será subjetiva y única. Para explicar esto Lacan hace uso de la figura topológica del toro para poder ejemplificar el engarzamiento entre la demanda del Otro y el deseo del sujeto, postulado al que anteriormente hice referencia. Introduce la banda de Möbius para hablar de la plasticidad y de la movilidad del inconsciente, de la palabra, de la posición subjetiva y de la posibilidad de pensar diferente el inconsciente propuesto por Freud, uno que está en la superficie del lenguaje y que puede estar dentro/fuera, no es un recurso que habrá que ir a 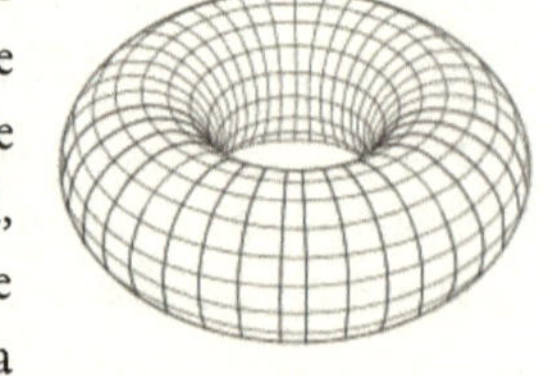 rescatar de las catacumbas de lo reprimido, sino que está en la superficie.

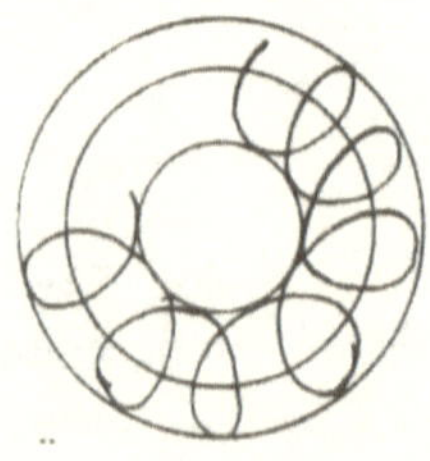 Del mismo modo utiliza la figura del toro como la estructura del sujeto. Una estructura cuya consistencia se finca en la relación del sujeto con el Otro, con su demanda, con el deseo y con el objeto. Las vueltas que realiza el sujeto en relación a estas figuras mencionadas anteriormente sostienen al toro como la estructura del

sujeto. Sostienen un hueco en el interior que a su vez funciona de soporte, de estructura, en relación a su vez con el hueco de en medio. Son dos huecos, dos vacíos que sostienen la relación entre la demanda del Otro y el deseo del sujeto que, en cada vuelta, resaltan la singularidad del sujeto del inconsciente.

Debido a que Lacan buscaba poder comprobar y fundamentar con otras disciplinas sus descubrimientos y sus proposiciones, se perfiló discutir con matemáticos, físicos y demás profesionistas expertos como Jaques Aubert y su relación estrechísima con Joyce y sus obras. Lacan se fue perfilando a buscar, en lo real, en sus puntas fonéticas y en el sinsentido, que en algún momento le dio luz en sus primeros pasos clínicos, respuestas posibles a distintos abordajes del síntoma y de la locura. Toma a Joyce como estandarte para poder ejemplificar sus últimas enseñanzas. Se tratará entonces del *sinthome*.

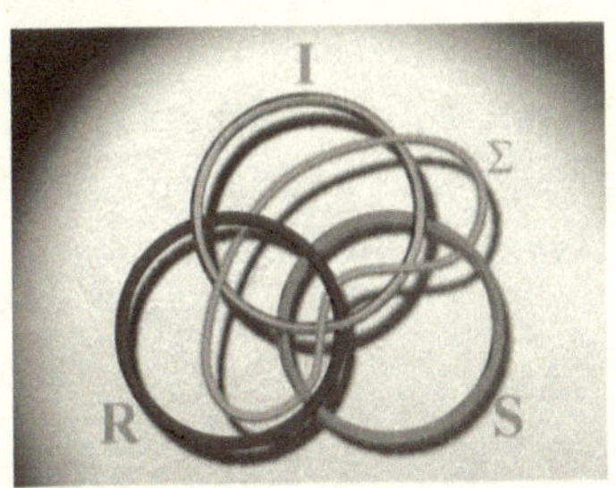

Recordemos nuestros anteriores tres registros. Lo real, lo simbólico y lo imaginario puestos ahora en tres redondeles con forma de nudo, un nudo nombrado a partir de la familia de los Borromeo, la cual, en la insignia portada en sus escudos, se podía observar cómo tres aros eran entrelazados entre sí, sosteniendo un nudo. La característica más importante de este nudo consiste en acomodar los aros de tal manera que si se suelta uno se pierde el nudo, quedando los tres aros separados. A partir de esto, Lacan comienza a parear sus tres registros con el nudo borromeo y, acompañado de Joyce y su *Ulises*, comienza una nueva y última enseñanza lacaniana: buscar en lo real, tomar las puntas de real en el discurso del hablante de modo tal que nos guíen a la posibilidad de formular ahora un síntoma.

Para Lacan, la obra de Joyce será un gran ejemplo de la posibilidad de hacer con la locura, la posibilidad de hacer con el síntoma. Joyce utiliza el recurso de la escritura en el *Ulises* como una especie de remache, de arreglo, de reparación a un posible desanudamiento de los registros, mismo por el cual se podría sospechar de una psicosis. En un decreto hacia su trascendencia literaria Joyce afirmó que las universidades se ocuparían de sus escritos por más de trescientos años, el tiempo le dio la razón, a pesar de que tenía un uso muy particular del lenguaje. La forma en la que Joyce toma la lengua inglesa para explotarla y jugar con ella, a la vez que vía sus textos logra hacerse de un nombre y un lugar en la academia y en la historia se convierten en una de las razones por las que se pueden pensar que, para Joyce, su escritura fue su forma de hacer con su locura. De eso se tratará el *sinthome*, de una oportunidad de hacer un síntoma a partir de una fractura, de una disolución en la atadura primera de los tres registros. Este especie de zurcido al nudo propuesto por nuestro autor brindará una posibilidad nueva de ejercicio clínico

Ahora no se tratará solamente de la primacía del lenguaje, sino de escuchar la forma en la que suenan y resuenan las palabras en el cuerpo, de los sonidos que no alcanzan un registro significante y que musicalizan la vida y la psique del hablante. Se tratará de darle primacía a la instancia de la letra, de los zurcos, las marcas y las huellas vía los sonidos, el delirio, la posibilidad de escuchar y de crear.

6. Escuelas Lacanianas

Tras la expulsión de Lacan y sus compañeros de generación en 1963, Lacan junto con Françoise Doltó y Daniel Lagache fundan la Sociedad Francesa de Psicoanálisis y con ella una serie de instituciones más, las cuales marcarán momentos políticos muy importantes en la historia del lacanismo. Durante su permanencia en la IPA, Lacan consiguió tener seguidores alumnos, analizantes y compañeros que lo acompañaron a su salida y a algunas de las instituciones que posteriormente fundará. Entre los seguidores encontramos a Jaques-Alain Miller que posteriormente se convertirá en su yerno y en heredero de sus obras. Si seguimos la línea de Lacan, durante su periodo de fundaciones y disoluciones institucionales, generó distintas políticas como la de "el pase" (la transición del analizante a analista, vía el análisis y/o un jurado), el trabajo en cárteles, formación de colectivos, entre otros, que ponen de manifiesto los movimientos políticos y sociales en donde el trabajo y la pregunta por la transmisión y enseñanza del psicoanálisis (las formas de pensar lo inconsciente) generarán disputas entre las diferentes escuelas.

A Lacan le resultaba problemático encuadrar lineamientos institucionales a sus formas de transmisión y discusión sobre su enseñanza, lo que derivó que existan distintas líneas de pensamiento lacaniano, siendo esto muy controversial. Se han abierto tantas escuelas lacanianas como lecturas existen de sus seminarios y escritos cuyos primeros exponentes son Jean Allouch, Guy Le Gaufey, Eric Porge, Catherine Millot, Oscar Massotta, Juan David Nasio, Monique Menard, Jean Paul Assoun, Julia Kristeva, Gilles Deleuze, Felix Guattari, Serge André, Ricardo Rodriguez Ponte, Maud y Octave Mannoni, entre muchos otros.

Para poder hablar de un psicoanálisis Lacaniano, como hemos podido constatar, habrá que estar advertidos de que no es una lectura clásica analítica. De que estamos por entrar a una forma de escuchar y leer la clínica renunciando a los universales y a las verdades referenciales. Lacan habla de la docta ignorancia del analista el cual consiste en que lo único que sabemos de aquel que viene y habla es que, de él, no sabemos nada, de que se requiere de una posición del analista humilde e ignorante para posibilitar la escucha de eso que no puede ser escuchado y que no tiene lugar en ningún otro lugar que no sea el dispositivo analítico. De posibilitar vía la escucha y el vaciamiento del saber del analista, la oportunidad de que el hablante se escuche abriendo paso al deseo.

Bibliografía

Allouch, J. (1993) *Freud y después Lacan*. Editorial EDELP S.A., Buenos Aires.

Lacan, J. (2009) *Escritos 1*. Siglo XXI editores, México D.F.

Lacan, J. (1964) *Los cuatro conceptos fundamentales del psicoanálisis*. Paidos, Buenos Aires-Barcelona- México.

Lacan, J. (1960) *La transferencia*. Paidos, Buenos Aires-Barcelona- México.

Lacan, J. (2005) *El Sinthome*. Paidos, Buenos Aires-Barcelona- México.

Rodriguez, R. *Seminario apócrifo; El Acto Analítico*.

Rodriguez, R. *Seminario aprócrifo; La Identificación*.

Roudinesco, E. (2012) *Lacan, esbozo de una vida, historia de un sistema de pensamiento*. Fondo de Cultura Económica. México.

Acompañamiento terapéutico y los lugares de los niños.

> "El mundo entero es un teatro, y todos los hombres y mujeres simplemente comediantes. Tienen sus entradas y salidas, y un hombre en su tiempo representa muchos papeles, y sus actos son siete edades. Primero, es el niño que da vagidos y babea en los brazos de la nodriza; luego, es el escolar lloricón, con su mochila y su reluciente cara de aurora, que, como un caracol, se arrastra de mala gana a la escuela..."
>
> William Shakespeare | *Como gustéis*

Este texto busca compartir mis dudas y reflexiones en torno al trabajo del acompañante terapéutico (AT) en la clínica infantil, en esta ocasión adentrándonos en uno de esos lugares de los niños: la escuela. Trabajaremos la noción de la educación como institución, analizaremos las condiciones de la escuela y sus efectos y finalmente distinguiremos la función del AT de otras figuras que aparecen comúnmente en las escuelas como lo son: la sombra, el monitor o el par profesional.

Freud desarrolla esta idea en la "Novela familiar del neurótico" (1908-1909), texto donde trabaja la noción de la escenificación del síntoma, primero en el escenario de la familia y después en otros espacios; una obra que se repite con distintos actores y en diferentes lugares, pero una obra en la cual el guion permanece intacto. El AT es un actor que se introduce en la dramatización de estas escenas, se vuelve un actor más en la trama, pero apunta a escuchar la obra que se despliega frente a sí, se encuentra a la espera de lo inédito del vínculo, es un espectador que participa de esa historia.

¿Qué relación hay entre la institución educativa y el trabajo clínico?

En 1914 Freud escribe "Sobre la psicología del colegial", texto donde elabora la idea que plantea que los afectos son desplazados a la figura del maestro desde las *imagos* paternas o de hermanos, se constituye así una especie de herencia emocional, una matriz de vinculación para el futuro que no deja de oscilar entre el amor y el odio, se trata de sentimientos ambivalentes formados en épocas tempranas del desarrollo que se transfieren a las figuras de autoridad en el colegio.

En "El interés por el psicoanálisis"(1913), texto orientado a la divulgación que reflexiona las posibles aplicaciones y aportaciones del psicoanálisis a distintas disciplinas como la psicología, la biología, la filosofía, a la cultura, el arte y a la pedagogía, Freud señala el interés psicoprofiláctico como una forma de prevención a las neurosis, así como también, una disciplina que les permite a los maestros tener una perspectiva más amplia en cuanto al desarrollo de sus alumnos.

Esta línea será retomada ampliamente por Anna Freud y sus investigaciones sobre la clínica infantil, principalmente en la idea de una clínica orientada a un fortalecimiento del Yo de los niños.

Melanie Klein en 1923 escribe "El papel de la escuela en el desarrollo libidinal del niño". Trabaja la importancia de la escuela como un lugar que plantea exigencias al niño y le obliga a sublimar sus energías instintivas libidinales, el escolar se enfrenta con el desafío de sublimar la actividad genital y enfrentar la angustia de castración en un entorno nuevo lejos del núcleo familiar. Para Klein, la escuela es piedra de toque para el desarrollo sexual y juega un papel mucho más activo del que se había planteado. Señala la relación entre las inhibiciones del aprendizaje y los contenidos emocionales ligados a los problemas de aprendizaje, pero también nos da una buena idea del impacto de este escenario en la vida de los niños, filtrando sus contenidos en sueños y preocupaciones de todo tipo, finalmente los niños pasan buena parte de sus vidas en ese lugar. Klein habla de la importancia de la figura del maestro como una figura que puede favorecer o no la sublimación de los afectos infantiles a través de una actitud comprensiva y empática o persecutoria y ambivalente, es que tiene un impacto brutal en el desarrollo del niño.

Para Winnicott, los niños en el siglo XVI ocupaban el lugar de un sirviente doméstico, ignorado por poetas y filósofos, en la actualidad su papel ha cobrado importancia, sin embargo, indica el énfasis en el estudio del desarrollo físico o intelectual, se ha dejado de lado el lugar del desarrollo emocional de los niños. Los niños buscan experiencias emocionales de acuerdo a sus necesidades internas.

Su desarrollo es comparativamente más acelerado que en otras etapas por lo que los efectos traumáticos son más grandes en el escolar.

Las distintas defensas que aparecen frente a la angustia, la depresión y los sentimientos violentos tienen sus efectos en el desarrollo de las capacidades intelectuales y físicas.

"Las angustias pueden implicar que se imponga a un niño un rendimiento intelectual, generando así un niño que debe aprender, que debe ser el mejor de la escuela, y para quien el desarrollo intelectual es una cuestión de defenderse frente a sentirse mal, más que una cuestión placentera". (Winnicott, 1936)

Winnicott reflexiona sobre la importancia de creer en los sentimientos de los niños y percibir lo amenazante de la inquietud, del odio y el amor y lo atemorizante que es tener miedo. El niño hace frente a las más intensas experiencias emocionales en el curso ordinario de su desarrollo, hace frente a los sentimientos de culpa, angustia y depresión. Así, Winnicot nos advierte que no hay lugar para los insensibles o los que se creen superiores en la clínica con niños, nuestra tarea consiste en ayudarlos a defenderse de estas emociones amenazantes en lugar de adiestrarlos, ¿para qué?, se pregunta Winnicott, para que se parezca a quién, ¿a nosotros? "No estoy convencido de que ni ustedes ni yo estamos en condiciones de dictarle ni siquiera a un niño pequeño qué es lo ideal".

"Muchas personas se muestran ansiosas de encontrar en el niño los impulsos que odiarían ver en sí mismas; confían que, controlando, adiestrando y educando al niño podrán sentirse mejor, incluso sentirse buenas". (Winnicott, 1936)

En su libro de 1839 *Das Buch der Gesundheit*, (*El libro de la salud*) D.G.M. Schreber, sintetiza la educación y la medicina en una guía que forma la base de la pedagogía alemana de su época.

Los principios educativos del Dr. Schreber incluyen:

1. El niño es malo por naturaleza. Es preciso aislarlo de su naturaleza y someterlo a un adiestramiento moral y físico.
2. El niño debe aprender precozmente el arte de la renuncia. "Sus gritos son simplemente la expresión de un estado de ánimo, un capricho, y la primera manifestación de terquedad... Hay que tomar la iniciativa de un modo positivo; mediante una rápida distracción de la atención, palabras serias, golpes sobre la cama, ademanes amenazantes... o mediante castigos

corporales relativamente suaves, repetidos en forma intermitente... Tal procedimiento sólo es necesario una vez, a lo sumo dos veces, y entonces uno se convierte en el dueño del niño para siempre. A partir de entonces, una mirada, una palabra, un simple gesto amenazante son suficientes para gobernar al niño.

3. El adulto debe adquirir un dominio sobre el cuerpo del niño, de ahí el nacimiento de una ideología correctiva del cuerpo que encuentra su expresión en la gimnasia médica y en diversas aplicaciones ortopédicas.

La disciplina es un ejercicio de poder que aparece desde la antigüedad, en las campañas esclavistas, la legión romana, los monasterios etc., pero no es hasta el siglo XVIII que se perfecciona en una nueva técnica de gestión del hombre, de gobernar, controlar sus multiplicidades, utilizarlas al máximo y mejorar el efecto útil de su trabajo y sus actividades gracias a un sistema de poder que permite controlarlo.

Para Foucault, la disciplina constituye uno de los más grandes inventos del siglo XVIII y su aplicación es especialmente notoria en el hospital, el ejército, las prisiones y en la escuela. En primer lugar, la disciplina modifica enormemente la manera de organización de estas instituciones, en primer lugar, por crear una manera de distribuir a los individuos en un espacio determinado, es decir, que los hospitales modifican su arquitectura y distribución para evitar que se propaguen ciertas enfermedades, se especializan los pabellones, cuartos o camas de acuerdo a cada tipo de enfermedad. Los soldados mejor entrenados eran posicionados en los lugares en los que podrían ser más útiles, precisos o efectivos. La manera en la que se enseña en la escuela se modifica, de una masa aglomerada de alumnos a una enseñanza colectiva ofrecida simultáneamente a todos los alumnos.

"La disciplina es ante todo un análisis del espacio; es la individualización por el espacio, la colocación de los cuerpos en un espacio individualizado que permita la clasificación y las combinaciones". (Foucault, 1978) En segundo lugar, la disciplina no se centra en ejercer un control sobre el resultado de una acción sino sobre su desenvolvimiento, es decir, en un control del cuerpo, hay una supervisión constante sobre los médicos, los soldados, maestros y estudiantes, se busca adiestrar los movimientos del cuerpo, los procedimientos.

En tercer lugar, la disciplina es una técnica de poder que implica una vigilancia constante de los individuos durante el tiempo que se realiza una actividad, así como someterlos a una pirámide de vigilantes que reportan los acontecimientos en escala ascendente.

El instrumento fundamental de la disciplina es el examen, como la forma de vigilancia permanente, clasificadora que permite distribuir a los individuos, juzgarlos, medirlos, localizarlos y utilizarlos al máximo.

La escuela es una institución que adopta y reproduce el ejercicio de un poder a través de la técnica de la disciplina, sin embargo, la consigna no es necesariamente terapéutica, sino formativa, pedagógica, ortopédica, se asocia a la salud con la educación.

Maud Mannoni, en *La educación imposible* (1973) hace un análisis extenso sobre la situación del sistema educativo francés de los años 60 desde una perspectiva psicoanalítica, plantea el análisis del problema medicopsicopedagógico. Critica duramente el paradigma ortopédico, normalizante, correctivo y propone una ruptura con las estructuras disciplinares jerárquicas que se gestan en la familia y la escuela, ambas, fábricas de neurosis y psicosis infantil. Reflexiona sobre la voz del niño, el síntoma que habla y que se encuentra entre la angustia de los padres y los ideales morales o educativos. El resultado suele ser la sobremedicalización, hospitalización y exclusión de los individuos en centros educativos que los posicionan en el lugar de inválidos mentales.

Doltó señala que las llamadas neurosis o psicosis infantiles, son un síntoma resultado de una negativa a adaptarse, un signo de salud en el niño que rechaza esta mentira mutiladora en la que la escolaridad lo aprisiona, que le exige un conformismo como condición para la promoción social, niños que engrosan las filas de los disléxicos y retrasados escolares.

"El diagnóstico obligatorio de los llamados trastornos mentales desde la más tierna edad crea una situación en la que el hospital representa una continuación de la escuela. Los inadaptados que cada vez son más numerosos, deben ser considerados como un síntoma de la enfermedad de las instituciones. Se comienza a percibir que una formación que sólo tiene por finalidad la producción y la competencia y a la que se concibe como proveedora de medios de vida, impide vivir". (Mannoni, 1972)

Ahora bien, es claro que las escuelas no son iguales que en Alemania a finales del siglo XIX, o que en Francia en los años 60, mucho ha cambiado desde entonces, pero el principio de la disciplina es parte intrínseca de una escuela.

Lo que quiero resaltar hoy es que nosotros como AT, en la escuela nos vamos a encontrar con estas características de la institución y me parece que debemos de pensarlas en favor de nuestros pacientes. La disciplina es estructurante, necesaria para establecer límites que le ayuden al niño a reducir su angustia, aunque parezca que se frustra, enoja, molesta etc., es importante que se encuentre con límites de toda clase: de horario, conducta y primordialmente que se encuentre con otros.

"La educación plantea un problema que no podemos resolver como analistas. El psicoanálisis —decía Freud— puede ayudar a la educación, pero no sustituirla. Hay tres profesiones imposibles: la educación, los cuidados y el gobierno de los pueblos. En una reflexión sobre pedagogía, el psicoanálisis no puede sustituir a la política: examina una situación y deja a otros el cuidado de tomar el relevo del discurso analítico". (Mannoni, 1972)

Por eso la discusión sobre qué sistema pedagógico es mejor, no es para los analistas o para los acompañantes, me parece que nuestro lugar es otro. El lugar del AT en la escuela no se orienta por una consigna pedagógica, ortopédica, médica o normalizante, sin embargo, es común que la demanda de tratamiento se inicie por un desbordamiento de los límites institucionales. Es precisamente aquí donde jugamos un papel importante, ya que nadie más en el sistema de relaciones del niño se va a posicionar como un AT. Es un tipo de vínculo que se descoloca de una autoridad, pero que no la olvida, sino que la recuerda, por eso es importante que se mantengan los límites de la escuela, el AT se sirve de esos límites para trabajar, para hacer un recordatorio del Otro, los otros y la Ley, que cuando trabajamos con niños resulta muy importante.

Lo que quiero decir, es que no todo en la disciplina es malo, ni tampoco en los límites o reglas que se exigen en la escuela. La escuela es un entorno en el que se producen vínculos sociales, miradas, complicidades, risas, juegos e interacciones que son importantes para la estrategia terapéutica, al igual que los límites (que las más de las veces suelen ser reconfortantes para los niños).

El acompañante tiene la función de ofrecer un espacio particular en la relación con el paciente, somos un espacio en el cual se puede y se deben fomentar los intentos de enmendar en el mundo externo aquello que, en la fantasía infantil se siente como si se hubiera dañado o arruinado.

Raúl es un niño de 11 años extranjero, hijo de padre americano y madre mexicana, llega a México buscando una escuela terapéutica como una "última alternativa" ante el temor de la madre de que "el sistema le quite a su hijo". Raúl ha sido diagnosticado con una multiplicidad de trastornos, comenzando por hiperactividad, déficit de atención, problemas conductuales, episodios violentos, psicosis infantil etc. Inclusive en las primeras entrevistas con la madre, el comportamiento de Raúl se explica porque "le falta una parte del cerebro".

El historial clínico es contradictorio y confuso, la historia familiar se encuentra llena de secretos en cuanto a quién es el padre biológico de Raúl. Los padres se separaron hace dos años, pero seguían viviendo en la misma casa hasta que la escuela a la que asistió les comunicó que necesitan internarle en un hospital psiquiátrico, apoyado por el diagnóstico de un neurólogo. Los medicamentos habían variado en dosis y en tipos en los últimos años, pero ahora la situación es insostenible por el temor del internamiento. La abuela de Raúl vive en México y él y su madre vienen a vivir con ella por la referencia de una escuela terapéutica que puede recibir a Raúl.

La escuela tiene salones pequeños de 5 alumnos y el equipo está formado por un maestro y un acompañante terapéutico para el salón en el que entra Raúl. Se hace una visita a casa donde conocemos a Raúl por primera vez, nos recibe con una jarra de limonada, nos enseña sus juguetes, su cuarto y nos presenta a su abuela.

El primer día de escuela, Raúl llega inquieto, no habla español, no conoce la ciudad, no tiene amigos. Comienza un tratamiento farmacológico con un psiquiatra, se modifican los medicamentos y la dosis con un seguimiento cercano y constantes juntas entre la escuela, los padres y el psiquiatra; también se acuerda un acompañamiento en casa para algunas tardes en las que salen al cine, centros comerciales y realizan actividades de juego.

Se inicia un largo proceso de adaptación a horarios, comida, reglas, etc., no tarda en frustrarse y explotar con violencia hacia uno de sus compañeros, insultos a los maestros, gritos, etc. El AT, ocupa un lugar que se desmarca de la autoridad, sin embargo, no olvida recordar las reglas, e inclusive no permite que se le agreda o insulte, pero las consecuencias son establecidas por el maestro o el coordinador escolar. Inclusive en ocasiones era necesario contener físicamente a Raúl porque podría hacerse daño a sí mismo o a otros. Raúl responde con mucha ira y frustración.

Durante estos episodios de enojo comienza a emerger un discurso delirante, acompañado de alucinaciones y pérdida de control de impulsos. En ocasiones era necesario llevar a Raúl, en contra de su voluntad, a un espacio acondicionado para que no se lastimara ni lastimara a otros, sin embargo, iba acompañado por el AT, quien buscaba hablar con él, escuchar su historia. Poco a poco se logró construir un vínculo distinto, el AT no lo perseguía, Raúl comenzó a buscar un espacio con el AT antes o después de presentarse un episodio de violencia o alucinación. Le compartió su mundo, sus ideas, preocupaciones, angustias, inclusive le aconsejaba a los AT sobre gran variedad de situaciones.

El discurso de Raúl consistía en que él no era de este planeta, que venía de otra dimensión (en inglés Alien hace referencia a extranjero), que tenía que luchar constantemente con su otro yo malvado que quería destruir el mundo. Además, tenía dos padres, dos madres y dos abuelas, uno bueno y otro malo. Los acompañantes pasan muchas horas escuchándole, Raúl les incluye en su vida y se abre un espacio para jugar con el delirio, hay un espacio para bromas, dudas, cuestionamientos y poco a poco las lágrimas, la ira, el enojo, se transforman en risas y en juego. Se observa que disminuye notoriamente la ansiedad, Raúl insiste en recordar los horarios y las reglas del salón, estos límites y figuras constantes en el entorno escolar le tranquilizan. Se formó un vínculo genuino terapéutico entre Raúl y sus AT, el delirio se ha transformado en otra cosa, Raúl ha encontrado una manera de vincularse con otros de una manera distinta.

La palabra del niño se debe tomar con toda la seriedad y respeto posible, esto creo que es lo que más efectos terapéuticos tiene en la clínica. Dar un lugar al otro, al niño. Me parece que en muchos casos eso es lo que está en juego, el niño no está siendo escuchado en ningún lugar.

Si algo moviliza el trabajo es estar a la expectativa de un encuentro, de escuchar y dar lugar a esa palabra, defenderla como el territorio subjetivo que se construye el niño. Creo que ese podría ser el lugar del AT, el territorio subjetivo que se construye en la palabra del niño, si no hay miradas, comunicación, lenguaje, contacto, encuentro intersubjetivo, su lugar está en el vínculo. Es un lugar para viajeros, un lugar de tránsito con un destino que está por definirse.

BIBLIOGRAFÍA

Freud, S. 2007, *La novela familiar de los neuróticos*, (1909 [1908]), en *Obras Completas*, segunda edición, traducción de José Luis Etcheverry, Tomo IX, Buenos Aires, Amorrortu.

Freud, S. 2007 *El interés por el psicoanálisis*, (1913), en *Obras Completas*, segunda edición, traducción de José Luis Etcheverry, Tomo XIII, Buenos Aires, Amorrortu.

Freud, S. 2007 *Sobre la psicología del colegial*, (1914), en *Obras Completas*, segunda edición, traducción de José Luis Etcheverry, Tomo IX, Buenos Aires, Amorrortu.

Foucault, M. 1978 *Incorporación del hospital en la tecnología moderna*, en Educ med, salud Vol. 12. No. 1. P. 72

Klein, M. 2012 *El papel de la escuela en el desarrollo libidinal del niño* (1923), en *Obras Completas, Amor, culpa y reparación*, primera edición, traducción de Hebe Freidenthal, Arminda Aberastury, et al, tomo 1, Buenos Aires, Paidós.

Mannoni, M. 2005 *La educación imposible* (1973) undécima edición, traducción de Pilar Soto, México, Siglo XXI editores. P. 49-52

Winnicott, D. 2009 *Higiene mental del preescolar*, (1936) en Acerca de los niños, primera edición, traducción de Leandro Wolfson. Buenos Aires, Paidós. p. 99-100

PSICOTERAPIA COGNITIVO CONDUCTUAL
Giselle Guerra

ANTECEDENTES

El principal antecedente histórico de la Terapia Cognitiva suele remontarse a la frase del filósofo estoico griego Epícteto: "La gente está perturbada no por las cosas sino por la visión que tiene de las mismas" (Ellis y; Bernard, 1990).

La Psicoterapia Cognitivo Conductual constituye una práctica psicológica que enfoca el diagnóstico y tratamiento de problemáticas y trastornos en la relación dinámica entre cogniciones, emociones y conductas del sujeto. Se desarrolla a partir de las insatisfacciones con el modelo psicodinámico y otros no mediacionales, por el desarrollo de investigaciones cognitivistas que reconocieron la importancia de los procesos cognitivos y de las relaciones del hombre con su entorno, en el desarrollo y comportamiento humano.

Este enfoque psicoterapéutico surgió en Estados Unidos a partir de los años 70. Ya en estas fechas otras corrientes psicológicas fundamentales y sus prácticas derivadas como la gestáltica, psicoanalítica, conductista, humanista y cognitivista tenían un camino recorrido en cuanto a bases teóricas, desempeños o ambas. Por esta razón, resulta una integración más joven que se nutre de los enfoques anteriores.

Durante la primera mitad del siglo XX, psicólogos como Throndike, Watson y Skinner en Estados Unidos siguieron las pautas de la Psicología Conductual influenciados por los trabajos de Iván Pavlov en Rusia, desde principios de siglo. Estos definieron a la psicología como ciencia de la conducta humana, planteando que era el comportamiento lo único observable, objetivo y medible; por tanto, consideraban que solo con bases en las leyes científicas del comportamiento la psicología podía convertirse en una ciencia objetiva (Miller, 2003). Sin embargo, a partir de los años 50, como respuesta crítica a las posturas y prácticas conductistas y psicoanalistas comienzan a aparecer trabajos enfocados en el estudio de procesos mentales y de las influencias sociales, como los de Noam Chomsky y Jerry Bruner.

Diez años después, el estudio de las cogniciones tomó denominaciones como ciencia o estudios cognitivos o psicología del procesamiento de la información. Este es el período de la llamada "Revolución Cognitiva", que surgió fundamentalmente como reacción al enfoque conductista.

Entre los exponentes fundamentales de este período se destacan Nelson Goodman, Noam Chomsky, Jerry Bruner, George A Miller y Ulric Neisser (Miller, 2003).

Aunque este movimiento tuvo lugar en Estados Unidos, en Europa ya existían los trabajos de Binet sobre facultades cognitivas, la Escala de Inteligencia Binet-Simon y su revisión la Stanford-Binet. Por su parte, Vigotsky ya había desarrollado su Enfoque Histórico-Cultural, Luria desarrollaba la neuropsicología, Piaget ya estudiaba las cogniciones y definía la inteligencia y sus construcciones.

Por su parte, Albert Ellis que se había formado y desempeñado como psicoanalista, insatisfecho con la eficacia de esta forma de terapia se alejó de la misma a mediados de la década del 50, desarrollando la Terapia Racional que enfatizaba los aspectos racionales y cognitivos en el diagnóstico y tratamiento de las perturbaciones psicológicas.

Esta terapia tomaba en cuenta además elementos emocionales y evocativos por lo que su nombre evolucionó a principios de los 60 a Terapia Racional Emotiva —TRE—. Aunque desde sus inicios esta terapia empleaba algunos métodos conductuales, estos se fueron desarrollando cada vez más en la TRE, convirtiéndose así en precursora de la Terapia Cognitivo-Conductual —TCC—.

A finales de la década del 50, Aaron Beck, terapeuta psicoanalista enfocado en el tratamiento de la depresión, observó que los pacientes focalizaban la visión de sus problemas dirigiéndolos hacia la negatividad; al mismo tiempo la extensa terapia psicoanalítica no le reportaba resultados eficaces. Fue así como comenzó a enfocarse en los aspectos cognitivos que llevaban a los pacientes a estos trastornos y a finales de los años 60 publica su libro sobre los aspectos teóricos, clínicos y experimentales de la depresión, donde expone un enfoque terapéutico cognitivo.

Consecutivamente amplía su enfoque a otros trastornos (Beck, 1967, 1976). A partir de los trabajos de Ellis y Beck otros autores fueron enriqueciendo esta práctica terapéutica. Arnold Lazarus desarrolló la terapia multimodal con enfoque cognitivo conductual; Albert Bandura desarrolló su Teoría del Aprendizaje Social a partir de la cual desarrolló su terapia de modelado, de autorregulación, de autocontrol y terapia dominio guiado.

En los años 70, Meichenbaum creó las técnicas de inoculación del estrés y del entrenamiento en autoinstrucciones; Mahoney realizó contribuciones con sus trabajos sobre el autocontrol y acerca de las cogniciones y la modificación del comportamiento.

Así tomó fuerza la Psicoterapia Cognitivo-Conductual, enfocando el diagnóstico y tratamiento de problemáticas y trastornos en la concepción de una unidad dinámica y relacional entre las cogniciones, emociones y conductas del sujeto, integrando intervenciones cognitivas, conductuales y emocionales con el propósito final de propiciar un cambio cognitivo, emocional y conductual que le proporcionara bienestar.

Terapia Racional Emotivo Conductual —TREC—

Albert Ellis parte de la idea de que tanto las emociones como las conductas son resultado de la interpretación que hace el sujeto de la realidad y de sus creencias personales. La meta principal que el autor propone es asistir al paciente en la identificación de sus "pensamientos irracionales" y ayudarle a reemplazarlos por otros más "racionales", que le permitan lograr sus metas personales.

Los pensamientos irracionales se definen como formas de pensar y evaluar las situaciones o eventos que no permiten el logro de metas y conducen al sujeto a malestar emocional y a conductas que afectan su desempeño personal, laboral, familiar, etc.

Para Albert Ellis, el pensamiento irracional es la base de la perturbación psicológica (Ellis y; Grieger, 1990).

Como explicación de la relación entre pensamiento, emoción y conducta, Ellis diseñó el modelo A-B-C (Ellis y; Grieger, 1990).

       A- Evento activador

       B- Creencias irracionales

       C- Síntomas que aparecen como consecuencias de
          los sistemas de creencias irracionales

En el camino por la vida para lograr sus objetivos los seres humanos se encuentran con situaciones diversas que constituyen eventos activadores (A), los cuales afectan el logro de los mismos. Ellis (1985) define que estos acontecimientos activadores (A) pueden ser situaciones, pensamientos, sentimientos o conductas asociados a la situación presentada o recuerdos de experiencias pasadas.

Los eventos activadores van acompañados de una evaluación personal permeada de observaciones, pensamientos, inferencias, atribuciones y creencias (B) sobre A, cargados de significados particulares que conllevan a consecuencias cognitivas, conductuales y emocionales (C) (Ellis y; Bernard, 1990).

Las creencias se forman como resultado de experiencias, del aprendizaje familiar y social y también de una predisposición genética (Ellis y; Bernard, 1990). Cuando estas (B) son irracionales conllevan a una perturbación emocional (C).

Las creencias son irracionales cuando son rígidas, inconsistentes con la realidad, ilógicas y cuando afectan negativamente el bienestar personal, el logro de metas y propósitos básicos y las relaciones saludables con los demás (Dryden, 1988).

Ellis definió creencias irracionales que pueden agruparse en cuatro tipos: demandas rígidas expresadas como "debo de" y/o "tengo que", baja tolerancia a la frustración, tremendismos y condenación (Dryden, 1988), todas las cuales resultan en conductas y emociones desadaptativas que conllevan a la perturbación.

La TREC considera que el ser humano tiene una tendencia natural a la irracionalidad, a la vez que lo concibe con capacidad para el cambio de pensamiento utilizando la lógica y pruebas empíricas que le permitan formular una filosofía propia.

Con esta concepción, el objetivo de la TREC es identificar y desafiar creencias irracionales a partir de técnicas cognitivas, conductuales y emotivas que conduzcan al cambio, considerando que las personas deben ser ayudadas por los terapeutas a comprender y aceptar que cada uno genera sus propias perturbaciones emocionales a partir de creencias irracionales por lo que se debe trabajar de forma activa para modificar cogniciones y generar conductas y emociones adaptativas.

El método fundamental de la TREC para aliviar o eliminar las perturbaciones es la discusión o debate (D) de las creencias irracionales (Ci) durante las sesiones de terapia e individualmente por parte del sujeto hasta lograr una forma de pensar y actuar más racional y de autoayuda (Ellis y; Bernard, 1990).

La relación entre el terapeuta y el cliente debe tener un buen *rapport*, propiciando la muestra de sentimientos, mostrando aceptación incondicional, escucha activa y conduciendo al cliente por un camino positivo sin autodevaluaciones. El terapeuta debe manifestar al cliente que ambos son colaboradores activos para lograr un cambio, aunque a veces el terapeuta sea más directivo para explicar y discutir las creencias irracionales (Ellis y; Bernard, 1990).

Además del debate, la TREC emplea otras técnicas cognitivas como el paro de pensamiento, modelado, distracción cognitiva, biblioterapia, análisis semántico, imaginación, solución de problemas y enseñanza de autoestrategias racionales de afrontamiento (Ellis, 1990).

También emplea técnicas emotivas como discriminación de emociones apropiadas e inapropiadas, imaginación racional emotiva que permite al cliente sentir y reconocer sus emociones inapropiadas, actuar sobre ellas y modificarlas por otras más adaptativas. Se realizan juego de roles y ejercicios de ataque a la vergüenza (Ellis, 1990).

Las técnicas conductuales más usuales son el castigo más que el refuerzo social positivo, la desensibilización en vivo y la terapia implosiva o de inundación. Se emplea el entrenamiento en habilidades sociales, en asertividad u otras, preferiblemente después de trabajar las creencias irracionales del sujeto.

Terapia Cognitiva de Aaron Beck

Como ya explicamos anteriormente, Beck se separó de la práctica psicoanalista y comenzó a trabajar en un enfoque cognitivo de la depresión, partiendo de que una parte muy importante de las conductas humanas, que influyen en los sentimientos, se debe a las formas en que se procesa la información.

Beck define la terapia cognitiva como un sistema integral de psicoterapia y está basada en una teoría cognitiva de la psicopatología, la cual expone que las percepciones y estructuras del pensamiento condicionan las conductas y afectos del sujeto. (Beck, 1976).

A estas estructuras del pensamiento Beck les llamó esquemas cognitivos y los definió como unidades básicas del procesamiento de la información. Están constituidos por actitudes, supuestos o creencias que permean las conductas del sujeto y sus afectos marcando las interpretaciones que hace de su realidad con determinada regularidad.

Dichos esquemas se corresponden con el esquema de creencias descrito por Ellis. Se forman a partir de valores, creencias y metas formadas a partir de experiencias personales de la infancia, reglas de la familia, comportamientos y actitudes paternas, de amigos o grupos sociales a los que ha pertenecido el sujeto (Beck, 1976).

Los esquemas cognitivos se organizan según sus funciones y contenidos. Según Beck (2005), los cognitivos se relacionan con la abstracción, interpretación y recuerdo; los afectivos con la generación de sentimientos; los motivacionales con deseos; los instrumentales preparan para la acción y los de control se relacionan con la autoobservación y la inhibición o dirección de las acciones.

Estos esquemas pueden estar latentes y no permear el procesamiento de la información o activados y canalizar el procesamiento cognitivo Beck (2005). Ante un evento desencadenante los esquemas cognitivos se activan y generan pensamientos automáticos negativos en el sujeto y errores en el procesamiento de la información o errores cognitivos a los que Beck les llamó distorsiones cognitivas (Beck, 1976) y entre las cuales definió:

- Inferencia arbitraria: concluir algo con evidencia en contra o sin evidencia que la sustente.

- Abstracción selectiva: centrarse en un aspecto irrelevante de la situación para hacer una valoración de la misma ignorando los fundamentales.

- Sobregeneralización: Hacer una conclusión a partir de un hecho aislado y generalizarla a situaciones no relacionadas.

- Maximización y minimización: Evaluar eventos de manera exagerada o devaluada con respecto a la situación real.

- Personalización: Otorgar a la persona la causa que realmente se encuentra en eventos externos.

- Pensamiento dicotómico o polarización: Clasificar las experiencias en una o dos categorías extremas sin tener en cuenta las valoraciones intermedias.

Los pensamientos automáticos son planteamientos espontáneos, involuntarios, que afloran sin una intensión de pensar. Aunque son irracionales y no existe evidencia que los constate el sujeto los considera ciertos.

El contenido de estos pensamientos suele ser dramático, con una determinada percepción y valoración de los eventos. En general, los pensamientos automáticos de los sujetos ansiosos expresan anticipación de peligros, los deprimidos revelan obsesión por sus pérdidas y los irritados suelen centrarse en la injusta e inaceptable conducta de otros.

Los pensamientos automáticos como: "Casi es la hora de la cita y Juan no ha llegado", tienen en su base esquemas cognitivos condicionales que se expresan en forma de reglas: "si no viene a la hora indicada es porque no le interesa", lo cual expresa un significado personal a lo que Beck (2005) le llama atribución de causalidad.

Esta atribución es resultado de un estrato superior de estructuración donde existe un esquema que guarda una creencia general asociada como que "si alguien está llegando tarde a una cita es porque no le interesa". A esto Beck (2005) le llama creencia condicional a la cual subyace la creencia básica: "No merezco ser amado".

A partir de esta explicación se puede comprender que las creencias se organizan jerárquicamente, en niveles de significados sucesivos cada vez más complejos Beck (2005), que están en la base de las conductas y emociones humanas.

Con los fundamentos anteriormente mencionados, la terapia cognitiva se enfoca en la detección de los pensamientos automáticos a partir de los pensamientos, emociones y conductas que revelan los sujetos sobre sus problemáticas durante las sesiones terapéuticas, de los pensamientos, sentimientos y conductas que experimentan durante la terapia misma y de autoregistros realizados fuera de las sesiones como parte de las tareas terapéuticas asignadas.

Con esta información el terapeuta y el paciente conjuntamente analizan los significados, identifican distorsiones cognitivas, esquemas y creencias básicas subyacentes que permitan enfocar la terapia hacia una modificación de estas cogniciones.

La terapia cognitiva emplea técnicas tanto cognitivas como emocionales y conductuales considerando que si las personas se imponen un cambio conductual y afectivo pueden lograr una modificación cognitiva (Ellis, 1990). Las técnicas cognitivas permiten detectar y examinar los pensamientos automáticos y creencias, así como cuestionarlos y comprobarlos; las conductuales brindan al sujeto experiencias que le permitirán comprobar cogniciones y desarrollar habilidades (Ruiz y Cano, 1999).

En todo caso, la integración de técnicas responde a la concepción relacional entre pensamiento, afecto y conducta que subyace a esta terapia.

Entre las técnicas cognitivas se encuentran la detección de pensamientos automáticos, clasificación de distorsiones cognitivas, búsqueda de evidencias a favor de los pensamientos automáticos, retribución de significados, verificación de hipótesis y uso de imágenes; entre las conductuales se emplea programación de actividades incompatibles, escala de dominio y de placer, asignación de tareas gradualmente, *role playing* y entrenamiento asertivo (Ruiz y Cano, 1999).

Terapia Cognitivo-Conductual

A partir del desarrollo de los modelos de Ellis y Beck, la Terapia Cognitivo-Conductual —TCC— integra a todas las prácticas terapéuticas que realizan intervenciones cognitivas, emocionales y conductuales para el tratamiento de las problemáticas del paciente bajo una concepción de relación entre pensamientos, afectos y conductas.

En general, las TCC poseen concepciones generales basadas en la mediación cognitiva de las conductas y emociones disfuncionales, así como del aprendizaje; consideran que las cogniciones pueden ser registradas y evaluadas y su modificación conlleva a cambios conductuales y emocionales y que las intervenciones pueden integrar procedimientos tanto conductuales como cognitivos (Lega, Caballo y Ellis, 1998).

Las TCC defienden que las cogniciones son mecanismos causales de las problemáticas del sujeto por lo que las estrategias de la terapia deben estar dirigidas a la modificación de las mismas para eliminar los síntomas.

Las TCC son de breve duración con respecto a otras prácticas terapéuticas y los terapeutas que las ejercen son directivos, establecen con el paciente una relación de colaboración y tienen en cuenta la verificación empírica.

Existen varias prácticas terapéuticas con enfoque cognitivo-conductual, posteriores a las aquí abordadas, como la Terapia de Esquemas, de Jeffrey Young (2013), desarrollada para el tratamiento de los trastornos de personalidad y enfocada en la formación de esquemas disfuncionales tempranos. Sin embargo, la TREC de Albert Ellis, reconocida como la primera TCC, y la Terapia Cognitiva de Beck son unas de las más practicadas y respetadas en el entorno académico y terapéutico.

Bibliografía

Beck, Aaron, T. (1967). *Depression: Causes and Treatment.* University of Pennsylvania Press, Philadelphia.

Beck, Aaron, T. (1976). *Cognitive therapy and the emotional disorders.* International University Press.

Beck, A.; Freeman, A. (2005). *Terapia Cognitiva de los Trastornos de Personalidad,* Paidós.

Dryden, W. (1988) *Developing self-acceptance.* John Wiley y; Sons.

Ellis, A. *Rational psychotherapy. Journal of General Psychology,* Vol.59. New York.

Ellis, A.; Bernard, Michael, E. (1990). *¿Qué es la Terapia Racional Emotiva (RET)?* En A. Ellis y; R. Grieger. *Manual de Terapia Racional Emotiva. Vol 2.* Biblioteca de Psicología. Desclee de Brouwer.

Ellis, A. (1984). *Expanding the ABC's of RET.* In A. Freeman y; A. Mahoney, Cognition and Psychotherapy. Plenum, Nueva York.

Ellis, A. (1985). *Overcoming resistance: rational-emotive therapy with difficult clients.* Springer. Nueva York.

Ellis, A. (1990). *La Terapia Racional Emotiva y la Terapia Cognitivo-Conductual; Semejanzas y Diferencias.* En Ellis, A; Grieger, R. (1990). *Manual de Terapia Racional Emotiva. Vol 2.* Biblioteca de Psicología Desclee de Brouwer.

Kloslo, J.; Young, J.; Weishaar, M. (2013). *Terapia de esquemas; Guia práctica.* Desclée de Brouwer.

Lega, L., Caballo V., Ellis A. (1998). *Teoría y Práctica de la terapia racional emotivo-conductual.* Siglo XXI. México.

Miller, George, A. (2003). *The cognitive revolution: a historical perspective. TRENDS in Cognitive Sciences,* Vol.7, No.3.

Ruiz J.J. y Cano, J.J. (1999). *Manual de Psicoterapia Cognitiva.* Recuperado de:http://www.psicologiaonline.com/ESMUbeda/Libros/Manual/manual.htm.

ANTECEDENTES

> "La palabra *Gestalt* viene directamente del alemán. No se
> le puede traducir en una solo palabra española. Significa
> al mismo tiempo: forma, estampa, figura y estructura. El
> "gestaltismo", que inicialmente fue una escuela sicológica
> dedicada al estudio de la percepción, se propone aprehender
> de los fenómenos síquicos en su totalidad, sin disociar
> los elementos del conjunto en que se integran y fuera del
> cual pierden su significado. Según esta escuela, uno de los
> procesos centrales de la percepción es la formación de la
> *Gestalt* o formación gestáltica. Se refiere a la distinción
> que surge entre lo que está en primer plano, la figura, y el
> ambiente en que se encuentra el fondo. Se le denomina
> también pareja figura–fondo"
> Fritz Pearls | *Sueños y Existencia*

La palabra *Gestalt* aparece en 1912 por primera vez como tema de publicación
en los escritos de Wertheimer que hablaba sobre la percepción del movimiento
aparente o fenómeno "phi". Razón por la cual, Wertheimer es considerado como
el principal fundador de la psicología de la *Gestalt*.

Partiendo de este principio Wertheimer, junto con sus colegas Wolfgang
Köhler y Kurt Koffka proponen fundar la psicología *Gestalt* que pudiera dar
cuenta de lo significativo e inmediatamente organizado de la experiencia
psicológica consciente, conservando el espíritu experimental y rechazando
cualquier intento de descomposición de la vida psicológica.

Se oponían a estudiar la conducta en forma de elementos, ya que consideraban
que esto destruía la unidad de los fenómenos. Les resulta improductivo tratar
de comprender los fenómenos analizando los elementos que lo constituyen,
preferían estudiar las configuraciones que aparecían en la experiencia. Es por

ello que una expresión, que resume su posición y que se volvió su carta de presentación fue: *El todo es más que la suma de las partes* (Quitmann, 1989).

Posteriormente Perls retomara dichas nociones al dominio de la psicoterapia y acuña el nombre de Terapia Gestalt. Perls describe que utiliza el enfoque de la premisa básica de la psicología de la siguiente manera:

"...es la organización de los hechos, percepciones, conductas, fenómenos y no los elementos individuales de los cuales se componen, lo que los define y les da su significado específico y particular" (Perls, 1997, pp. 10)

La Terapia Gestalt se consolida a mediados del siglo XX y tiene como principales exponentes a Paul Goodman, Isadore From, Laura Perls y por supuesto a Frederick S. Perls quienes toman como base la filosofía existencial y la fenomenológica, dando importancia a los sentimientos, intuición, subjetividad y entendiendo al individuo como un ser que aprende a través de las experiencias de vida particulares.

La Terapia Gestalt no es una globalización de otras teorías como muchas veces se llega a pensar, esta posee su propia originalidad, su propio marco teórico y su propia forma de aplicación que la diferencia del resto de las corrientes y por lo mismo sería erróneo decir que todo es Terapia Gestalt, pero no sería erróneo decir que en todo podemos encontrar Terapia Gestalt.

Algunas de las principales diferencias entre la Terapia Gestalt y los demás enfoques teóricos es que en la Terapia Gestalt no se analiza; porque como ya he descrito anteriormente toma del enfoque existencial, la postura de ocupamos de trabajar con la existencia total del individuo. En donde no se busca llegar a un punto específico sino al darse cuenta.

La Terapia Gestalt no busca soluciones verbales o intelectuales cuando el problema o conflicto del ser humano se encuentra en el sentir emociones, es buscar que el individuo confronte el sentimiento y asuma el riesgo. En donde la responsabilidad de la vivencia misma recae en cada individuo y no en personas externas, en que se asuma el riesgo de vivir.

"Quiero darles a entender cuánto se gana al tomar responsabilidad de cada emoción, cada sentimiento que hacen, cada pensamiento. Y deshacerse de la responsabilidad por cualquier otra persona. El mundo no está ahí para llenar tus expectativas ni tampoco debes tú llenar las expectativas del mundo. En su contexto usual la responsabilidad da la idea de obligación. Si me hago responsable de otra persona me siento omnipotente: tengo que interferir en su vida. Esto significa que tengo un deber... Pero también puede entenderse la responsabilidad como capacidad de responder, tener pensamientos, reacciones, emociones, en determinadas situaciones... Responsabilidad significa simplemente el estar dispuesto a decir: *yo soy yo* y también *yo soy lo que soy*". (Perls, 1974)

La Gestalt nos invita también a dejar de ver a los seres humanos como partes fragmentadas y verlos mejor como una totalidad holística llena de polos, es decir, que podemos ser buenos y podemos ser malos, ambas instancias existen y se elegirá hacer figura con una o con otra según la situación, pero no se negará ninguna de las partes.

Dentro de este enfoque tampoco se busca aludir a la enfermedad, ya que consideramos al ser humano como un ente sano y no uno enfermo, es decir, no se busca clasificar a los individuos, se evitan las etiquetas de diagnóstico. "Perls se opone, como todos los psicólogos humanistas, a la tradición de la psicología científica que, recurriendo a la exigencia de la objetividad, divide al ser humano y al mundo en muchas unidades separadas claramente unas de otras". (Quitmann, 1989, p.124)

Como consecuencia de lo anterior, la Gestalt ve a la persona como un individuo único, irrepetible y responsable de sus actos que tiende a la creatividad y no al estancamiento. El individuo continuamente se auto-regula e incluso se desestructura para permitir dar paso al cambio y al crecimiento.

Se rechaza, de igual manera, el uso de barreras o etiquetas que puedan entorpecer e incluso impedir la relación de cocreación entre el facilitador y el cliente por que como lo he expuesto anteriormente, será justo esta relación la principal herramienta de trabajo dentro del proceso.

Se antepone la espontaneidad al control, la vivencia, a la evitación de lo molesto y doloroso, el sentir, a la racionalización, la comprensión global de los procesos, a la dicotomía de los aparentes opuestos, la flexibilidad, a la rigidez.

En definitiva, la Terapia Gestalt persigue la validez de los seres humanos, pretende aceptar a la persona sin excusas, sin juicios, sin valoraciones, respetando el ritmo y el proceso de cada uno. No se trata de empujar a la persona sino de acompañarla.

Este tipo de pensamiento trajo un cambio dentro de la psicología, ya que enfocó su atención en fenómenos a los que antes no se les daba importancia e incluso no eran ni siquiera considerados.

Por ejemplo, la Terapia Gestalt nos propone que la forma en que se organiza el ser humano es la siguiente:

Considerar al hombre como una entidad indivisible; el hombre percibe su entorno en forma de unidades complejas e integradas, o sea como *Gestalt* o formas totalizadas, con pautas estructuradas y organizadas; la formación de esas estructuras depende de factores tales como: la similitud de los elementos presentes, la proximidad, contigüidad, etc. La percepción está regida por dos leyes: la "ley de cierre", según la cual el observador humano tiende a cerrar o "completar" las pautas parciales o fragmentadas; y la "ley de concisión", según la cual el hombre tiende a estructurar sus percepciones según la forma más simple y "mejor". El enfoque gestaltista es hedonista y teleológico, y concede mucha importancia a las operaciones de integración y reorganización de la experiencia". ("insight") (Arnoletto, 2007).

Tomando en cuenta lo anterior podemos decir que dentro de la Terapia Gestalt la naturaleza humana no se considera una estructura fija del psiquismo, sino como una estructura en continuo cambio y desarrollo.

Carmen Vázquez, nos dice que "no podemos hablar de individuos aislados, tampoco existe ninguna función animal, y por lo tanto humana, que pueda completarse así misma sin objetos y sin entorno". (Vázquez, 2008, pág. 124.)

Inevitablemente estamos en relación con los demás, a dicha interacción le llamamos "experiencia". Para la Terapia Gestalt la experiencia es el núcleo básico de la vida humana, dado que esta no es más que la sucesión interminable de ciclos.

La Terapia Gestalt, por principio, nos propone trabajar con lo obvio, con la presencia y evitar o procurar no preguntar el por qué, sino el cómo, buscando de esta manera que la persona logre por sí misma reflexionar y contactar con la respuesta que va a decir, generando un proceso que lleve al cambio a partir de saber que yo soy yo y tú eres tú y que juntos estamos construyendo una nueva relación.

Intenta también que la persona desarrolle los sentimientos e ideas que espontáneamente surjan en él con el propósito de entender más plenamente qué está sucediendo dentro de su experiencia del aquí y el ahora, dando una invitación a un estado más natural y a una conexión no solo intrapersonal pero interpersonal

La Terapia Gestalt además de ser un eficaz abordaje terapéutico, es una filosofía de vida que alude a la conciencia, a la propia responsabilidad de los procesos en curso y la fe en la sabiduría intrínseca del organismo para autoregularse de forma adecuada con un medio cambiante por medio de ajustes creativos buscando siempre la homeostasis.

Me gustaría hacer énfasis en la parte de filosofía de vida ya que al practicar la Terapia Gestalt no solo ocurren cambios en el cliente, sino también en el terapeuta, porque la mirada del otro permite que nuestras experiencias y vivencias se expandan. Todo este entorno lleno de teoría, platicas, exposiciones e incluso este ensayo por sí mismo, causan un impacto dentro de nuestras vivencias y nos muestra una nueva parte de nuestro desarrollo. Erving y Miriam Polster en su libro *Terapia gestáltica* (2005) afirman:

"A semejanza del artista, el terapeuta parte de sus propios sentimientos, y utiliza su propio estado de ánimo como instrumento terapéutico. Desde luego que, así como el artista, al pintar un árbol, tiene que ser afectado por ese árbol particular, asi también el terapeuta debe sintonizarse con la persona con quien esta en contacto". (pag. 34.)

Hoy en día vivimos para disfrutar lo que hacemos, todo lo que es agradable, es aceptable, pero esto, que en principio suena muy bien, se ha convertido en un problema ya que, en palabras de Fritz Perls, "nos hemos vuelto fóbicos al dolor". (Perls, 2008 pag. 119) Eliminamos de nuestras vidas todo aquello que es desagradable e incluso nuestra sociedad fomenta dicha fobia con frases como: "los hombres no lloran", "el que se enoja pierde", "no tengas miedo, es de cobardes".

Aclara Perls en su libro *El enfoque gestáltico. Testimonios de terapia* que cuando habla de dolor no habla de ser masoquistas, sino de encarar con honestidad situaciones desagradables y dado que el crecimiento contiene dolor el resultado es falta de crecimiento (Perls, 2008).

Lo que busca entonces la Terapia Gestalt es que las personas experimenten lo presente, que se desenmascaren y puedan estar en el ahora con base en actividades y experimentos vivenciales, tomando conciencia de su cuerpo y de cada uno de sus sentidos.

"Yo hago lo mío y tú haces lo tuyo. No estoy en este mundo para llenar tus expectativas y tú no estás en este mundo para llenar las mías. Yo soy yo y tú eres tú. Y si por casualidad nos encontramos, es hermoso. Si no, no puede remediarse" Perls (1893-1970)

Un trabajo creativo, integrador

La propuesta de la Terapia Gestalt versa sobre dos discursos importantes: ver al otro como un todo y hacer del espacio terapéutico la oportunidad de crear, es decir, denotar que, así como no hay una causa-efecto tampoco se trata resolver un conflicto de la misma forma en todos los casos: "El terapeuta gestáltico se interesa particularmente por salvar los bloqueos del ciclo conciencia-excitación-contacto que se presentan en el individuo". (Zinker, 1995, pág. 84)

La herramienta quizá más importante de la Terapia Gestalt es la creatividad, reconoce en la persona esta capacidad de desarrollo y las múltiples oportunidades que se puede autobrindar cuando hace uso de dicha cualidad. Por cuestiones socioculturales, se ha adjudicado la creatividad a solo hechos artísticos, cuando en realidad, es la posibilidad que se tiene como ser humano de hacer cosas diferentes con lo que ha de afrontar día a día.

Los ciclos de la experiencia se inician cuando el organismo, estando en reposo, siente emerger en sí alguna necesidad, el sujeto toma conciencia de ella e identifica en su espacio algún elemento u objeto que la satisfaga, el organismo moviliza sus energías para alcanzar el objeto deseado hasta que entra en contacto con él, satisface la necesidad y entra en reposo nuevamente.

En el esquema clásico del ciclo se identifican seis etapas sucesivas: 1) Reposo; 2) Sensación; 3) Darse cuenta o formación de figura; 4) Energización; 5) Acción; y 6) Contacto.

En el reposo o retraimiento, el sujeto ya ha resuelto una Gestalt o necesidad anterior y se encuentra en un estado de equilibrio, sin ninguna necesidad apremiante.

En la sensación, el sujeto es sacado de su reposo porque siente "algo" difuso, que todavía no puede definir. Como, por ejemplo, sonidos en su estómago.

En el darse cuenta, la sensación se identifica como una necesidad específica. Siguiendo con el ejemplo anterior, la referencia al hambre. En esta etapa se identifica también aquello que la satisface: se forma una figura.

Formar una figura no es un hecho fortuito, es decir, todo el tiempo se crean figuras conforme a las experiencias de vida.

En donde se crea una figura a partir del que nace de una necesidad y se transforma en la prioridad de la persona en un momento específico. Esto significa que la formación de figuras no aparece una vez y para siempre, no es un hecho aislado, sino que van cambiando a partir, precisamente, del contacto con la experiencia producto de las interacciones del organismo con su ambiente. Esto es importante porque no se habla de una causa-efecto, sino de las percepciones vividas a partir de dicha interacción; esta diferenciación es muy importante porque explica que dos organismos insertos en un mismo ambiente no experimentarán la misma experiencia ante un mismo estímulo, es decir, se muestran en diferencia y la formación de su experiencia si bien tiene el mismo proceso, generan un resultado único.

En la fase de energización el sujeto reúne la fuerza o concentración necesaria para llevar a cabo lo que la necesidad le demanda.

En la acción, fase más importante de todo el ciclo, el individuo moviliza su cuerpo para satisfacer su necesidad, concentra su energía en sus músculos y huesos y se encamina activamente al logro de lo que desea.

En la etapa final, el contacto, se produce la conjunción del sujeto con el objeto de la necesidad y en consecuencia, se satisface la misma. La etapa culmina cuando el sujeto se siente satisfecho, puede despedirse de este ciclo y comenzar otro. El contacto es la experiencia.

"Es en el contacto final cuando se es espontáneo y se está absorbido, cuando estas funciones pasan todas a primer plano y son la figura. Se es así consciente de la unidad. Esto es: el self (que no es otra cosa que el contacto) llega a sentirse a sí mismo. Y lo que siente es la interacción del organismo y del entorno". (PHG, 2006, pág. 245)

El término contacto hace referencia de igual manera al movimiento entre el organismo y su entorno. Implica aceptarse a sí mismo y al otro, desplazándose hacia una conexión y hacia una separación, donde el proceso se traduce como el trabajo que se produce de la asimilación y el crecimiento de la persona. Es por esto que se considera necesario un "yo" y un "tú" para poder hacer la relación en el "nosotros", situación de suma importancia ya que así se evitará o, al menos, se realizará una invitación constante para no sumergirnos en el análisis y la introspección de manera desmesurada y se dé lugar a la espontaneidad.

> En un compromiso progresivo, es como si el self se preguntara: "¿Qué necesito? ¿Voy a ponerlo en práctica? ¿Cómo me he excitado?... ¿Cuál es mi sentimiento con respecto a lo de fuera?... ¿Voy a intentarlo? ¿Dónde estoy yo con respecto a esto? ¿Hasta dónde se extienden mis poderes? ¿De qué medios dispongo? ¿Voy a continuar ahora o me detengo? Entre las técnicas que he aprendido, ¿cuál es la técnica que podría usar?" Estas funciones deliberadas son ejercidas espontáneamente por el self y se mantienen con toda la fuerza del self: la consciencia, la excitación y la creación de nuevas figuras. (PHG, 2006, pág. 281-282)

Lo que busca entonces la Terapia Gestalt es que las personas experimenten lo presente, que se desenmascaren y puedan estar en el ahora con base en actividades y experimentos vivenciales, tomando conciencia de su cuerpo y de cada uno de sus sentidos.

El proceso de contacto puede ser una secuencia fluida donde una fase sigue a la otra, donde la formación y destrucción de figuras–fondos se dé con gracia y flexibilidad o, por el contrario, pueden aparecer interrupciones en el proceso, los ajustes que realizamos en situaciones nuevas no serán creativos, serán ajustes conservadores.

En Terapia Gestalt distinguimos cinco tipos de interrupciones: confluencia, introyección, proyección, retroflexión y egotismo. No son ni malas ni buenas en sí mismas, son modos, formas de construir figura–fondo.

CONFLUENCIA: Ausencia de figura. Una nube gris y confusa sin movimiento y sin diferenciación. Jean Marie Robine en *Contacto y relación en psicoterapia (1997)* las describe de la siguiente forma:

"Durante la primera fase, llamada precontacto, el cuerpo, la fisiología primaria y secundaria constituyen el fondo. (...) en la situación en curso —sea una situación de reposo de donde nada emerge como figura, o cualquier actividad en que el sujeto esté comprometido y de la cual puede, más o menos conscientemente, aceptar dejarse distraer—. Esta interrupción de la secuencia, si se le puede llamar interrupción sabiendo que se tratará fenomenológicamente más bien de una ausencia de comienzo, se produce mediante la confluencia. La emergencia de una figura es ruptura de la confluencia. No permitir esta constitución es mantenimiento de confluencia o demanda de confluencia".

INTROYECCIÓN: Consentir sin digerir el sentir/deseo del otro. Hay una exigencia de cambiar el propio deseo por el deseo del otro. Lo problemático es que el deseo propio no es reconocido por la persona que lo siente, ni por el otro, entonces queda confundido.

Durante la interacción con el medio externo (que también tiene un estado particular), hay un encuentro de estados que pueden estar ajustados o no, puede ocurrir un choque entre el mundo interno y el externo.

"El deseo propio no puede ser reconocido, asumido, desplegado. La introyección consiste en 'desplazar el deseo o el apetito potenciales' y adoptar el deseo del otro, el sentido dado por el otro a la experiencia en sustitución de la construcción del suyo propio. El afecto es trastocado incluso antes de ser reconocido y, por lo tanto, experimentado. Entonces, la introyección producida no podrá proseguirse hasta la asimilación". (Robine, 1997, pag.113)

PROYECCIÓN: La emoción que se siente se atribuye al ambiente. Es esencialmente emoción y sentido (ejemplo: es un día gris / yo me siento triste y gris). La persona va a su medio ambiente interno (al de su cabeza) y proyecta en el exterior eso que está en él.

"En la proyección, como se define en Terapia Gestalt, se trata mucho más de un rechazo no-consciente (denegación, imposibilidad...) a apropiarse del afecto, la emoción, el sentimiento y las representaciones que lo acompañan (...) Por la proyección, el sujeto se construye una pantalla al mirar al campo.

Los afectos no apropiados son imputados al otro, las características del entorno no son percibidas, ya que el entorno está restringido a imágenes virtuales cuyo fabricante es el mismo sujeto". (Robine, 1997, pag.120-121)

RETROFLEXIÓN: ir hacía sí mismo. Evitar la ansiedad y el peligro; crea más seguridad regresar a sí mismo.

"En el enfoque habitual, la retroflexión permite retrasar el compromiso, permitiendo el reajuste de la emoción, la corrección de los fondos y, por consiguiente, la reconsideración de la emoción. Es lo que se llama el control de sí mismo, ligado a la intervención de la voluntad...". (Robine, 1997, pag.122-123)

EGOTISMO: Exceso de carácter deliberado, mucho *ego*, demasiado control de la situación, incapacidad de abandonarse y soltar, incapacidad de pasar del "yo" al "nosotros".

"Pero en ciertas situaciones, la proximidad del contacto final es tan ansiógena que el egotismo se utiliza como último freno para evitarlo (...) ansiosos frente al soltar la presa, ante la pérdida de control, ante la apertura del otro, ante un posible engullimiento en el "Nosotros del encuentro" o ante un posible abandono posterior, se aíslan del entorno y lo reducen a conocimientos aptos para ampliar su control y poder". (Robine, 1997, pag.126-127)

De igual forma, durante el proceso de contacto entran en acción las funciones del *self*, las cuales se explicarán de manera breve a continuación.

"El *self*, el sistema de contactos, integra siempre las funciones perceptivas, musculares y las necesidades orgánicas. Es consciente y orienta, arremete y manipula, siente emocionalmente el carácter apropiado del entorno y del organismo. No hay buena percepción que no implique la respuesta muscular y la necesidad orgánica". (PHG, 2006, pág.190)

El *self* se encuentra constituido por las siguientes tres funciones:
- Función Yo: "El Yo es la identificación con y la alienación progresiva de las posibilidades, la limitación o el acrecentamiento del contacto en curso,

incluyendo el comportamiento motor, la agresión, la orientación y la manipulación". (PHG., 2006, pág. 195-196)

Es un funcionamiento activo, donde los actos son llevados a cabo de manera intencionada a partir de la toma de conciencia de las necesidades y deseos propios. Es la capacidad de contactarse con partes del campo o alienarse a ellas, es la capacidad decisoria que caracteriza la unicidad de las elecciones individuales, es la voluntad entendida como fuerza que se organiza con autonomía, que no representa ni un impulso biológico ni una pulsión social es, entonces, la expresión creativa de la persona en su totalidad.

- Función Ello: "El Ello es el segundo plano dado, que se disuelve en posibilidades incluyendo las excitaciones orgánicas, las situaciones inacabadas del pasado que se vuelven conscientes, el entorno vagamente percibido y los incipientes sentimientos que conectan al organismo con el entorno". (PHG., 2006, pág. 195)

Es la capacidad que tiene el organismo de entrar en contacto con el entorno a través del mundo interno, las necesidades fisiológicas vitales y la vivencia corporal, lo que se ha vivido "dentro de la piel". Se expresa en los actos automáticos, respirar, caminar, etc. Cuando la persona funciona según esta modalidad no tiene conciencia clara de sus actos.

- Función Personalidad: "La Personalidad es la figura creada en la que el *self* se convierte y asimila al organismo, uniéndolo con los resultados del crecimiento anterior". (PHG., 2006, pág. 196)

Se define como la representación que cada persona hace de sí misma. Constituye la integración de las experiencias pasadas, es decir, la asimilación de las vivencias personales. Por medio de esta función se construye el sentimiento de identidad. Esta función expresa la capacidad del sí mismo de contactar con el entorno basándose en su ser, es decir, en lo que uno se ha convertido.

Sin embargo, el pequeño factor que integra la experiencia y que nos hace sentirla como una única realidad, una realidad constante, a lo largo de nuestra vida, que nos pertenece a cada uno de nosotros y que nos da individualidad y singularidad, lo llamamos *self.*

"Es lo que une y sintetiza los distintos elementos que forman la experiencia, y aúna nuestros niveles de consciencia dándonos la sensación de ser uno y de ser individual y diferente a los demás. Es el artífice de la vida, ya que vivir es el *continuum* de la experiencia". (Vázquez, 2008, pág. 248)

De esta forma y debido al continuo flujo que presentan dichas funciones, al estudiar un organismo o situación, lo tendremos que hacer desde la relación que mantiene en un ambiente determinado, en un momento único, en el aquí y ahora, observándolo en constante interrelación con los factores implicados en el campo total.

El campo está vinculado a un cierto elemento que lo produce, elemento que es al mismo tiempo creador y receptor. La implicación de esto, por ejemplo, en la vida en pareja es que tanto uno de los miembros como el otro están creando el campo de la situación y son a la vez influidos por él. No podemos ver a un elemento como pasivo y al otro como activo, ni al revés; el fenómeno tiene que ver con los dos.

Malcolm Parlett (1991) nos menciona que la definición de campo lleva consigo ciertas características que también son relevantes:

- El "principio de organización" dice que para entender el campo hay que considerar todos los elementos que coexisten en él.
- El "principio de contemporaneidad" dice que las influencias tienen lugar en el campo presente. Nos debemos fijar en el aquí y ahora, porque es ahí donde está el campo en el que él está inmerso y es lo único sobre lo que podemos influir.

Nos propone trabajar con lo obvio, con la presencia y evitar o procurar no preguntar el porqué, sino el cómo, buscando de esta manera que la persona logre por sí misma reflexionar y contactar con la respuesta que va a dar; generando así un proceso que lleve al cambio a partir de saber que yo soy yo y tú eres tú y que juntos estamos construyendo una nueva relación.

- El "principio de singularidad" dice que cada situación es única. La tentación de confirmar la propia teoría sobre algo o alguien nos puede llevar fácilmente a descartar la información que no nos convence a nosotros, aunque realmente sea muy relevante para el paciente.

- El "principio de una posible relación pertinente" en donde ninguna parte del campo debe ser excluida ni considerada a priori como no pertinente: cada elemento del campo forma parte de la organización total y es potencialmente significativo.

Esta visión invita a prestar atención a los detalles, los gestos, las palabras dejadas caer... ya que todo es, en potencia, un indicador a descubrir algo.

- El "principio de proceso cambiante" dice que en el campo no hay nada fijo. Esto centrará nuestra visión en el proceso en curso, en la temporalidad. ¿Qué está pasando ahora? ¿En qué momento estamos?

Igualmente, intentar que la persona desarrolle los sentimientos e ideas que espontáneamente surjan en él con el propósito de entender más plenamente qué está sucediendo dentro de su experiencia del aquí y el ahora, dando una invitación a un estado más natural y a una conexión no sólo intrapersonal, sino también interpersonal. Invirtiendo tiempo suficiente en observar el campo y cómo este afecta y es afectado.

Por poner un ejemplo, cuando se compra una tierra, es algo que uno adquiere por gusto, sin embargo, de acuerdo con la dedicación que se le tenga se verán los resultados. Si alguna de las plantas sembradas comienza a secarse uno es el que decide qué hacer, hay personas que no hacen nada y la dejan morir y, por el contrario, existen personas que aran la tierra, compran fertilizante, la riegan y le invierten mucho tiempo y esfuerzo, hasta que logran que esa pequeña planta se transforme en un gran árbol.

En Terapia Gestalt, como hemos visto previamente está inmerso el concepto "que el todo es mayor que la suma de las partes". Esta visión nos permite una mirada holística del entorno y del propio organismo. Esto nos habla de un organismo completamente inserto en el universo en el que vive y al mismo tiempo nos habla de un organismo unificado donde todas las partes de este organismo están en las otras al mismo tiempo.

Este aspecto de integración de totalidades en el proceso vivencial es, a mi entender, una de las grandezas que presenta el enfoque gestáltico pues al incorporarnos al proceso experiencial se entra en contacto con procesos emocionales que nos movilizan. Como dice el psicoterapeuta Jean Marie Robine: "Soy creador de la situación en la cual estoy, al mismo tiempo que soy creado por esta situación". (Robine, 2009, s.p.)

Mi experiencia del campo no es sólo la propia de una interrelación entre personas donde hay una serie de intercambios e impactos mutuos. Es también un entrelazamiento en el que a menudo es difícil distinguir qué es mío y qué es de los otros. ¿Por qué adopto un cierto rol? ¿Por qué me siento de una forma específica con cada persona?

Es impresionante cómo todo es parte del campo. Al escribir estas líneas encuentro inevitable recordar aquella analogía que alguna ocasión escuché entre la interacción del organismo y el entorno, con una partitura, en donde cada nota es importante, sin embargo, su fuerza se debe al resultado que dan de manera conjunta. Quedándome así cada vez más claro que "no tiene sentido intentar tratar un comportamiento psicológico fuera de su contexto sociocultural, biológico y físico", (PHG, 2006, pág. 11) ya que, en caso de verlo de manera aislada, posiblemente solo estaremos tocando la misma nota y no dejaremos que la música fluya.

A lo largo de estas páginas hemos visto las aportaciones de muchos autores que nos fueron abriendo el camino para comprender los principios tanto del Enfoque como de la Terapia Gestalt, un mapa que nos permite orientarnos, por medio de formas de contactar que pueden ser fluidas, creativas, vivas o rígidas.

Hoy por hoy, la Terapia Gestalt se aplica en el trabajo con parejas, familias, niños y en la rehabilitación de pacientes psiquiátricos, proponiendo la vuelta a una visión más integradora.

La mayoría de los que nos hemos dedicado por de algunos años a comprender este campo podemos concluir que la Terapia Gestalt deja una huella imborrable en nuestras propias vidas. Hemos podido tejer experiencias que nos permiten acercarnos un poco más a ser simplemente lo que somos, aquí y ahora: obras maravillosas y complejas de la naturaleza.

Bibliografía:

Arnoletto, E. (2007). *La Psicología de la Gestalt, la teoría del campo y la dinámica de grupos,* [en línea].

Grupo EUMEDNET de la Universidad de Málaga. Recuperado el 15 de Enero de 2008, de http://webcache.googleusercontent.com/search?q=cache:xU9pX5WNb3QJ:www.eumed.net/libros-gratis/2007b/300/40.htm&hl=es&gl=mx&strip=1

Castanedo, C. (1997a) *Terapia Gestalt, Enfoque centrado en el aquí y ahora.* (3° Ed.). Herder. Barcelona

Lapeyronnie. B. (2004) *Para una desubicaciòn de las emociones.* Figura/ Fondo. 19 IHPG. México.

Muñoz, M (2008) *La Globalización de la psicoterapia.* Figura /Fondo. Edición Especial 2. IHPG. México

Perls, F. (2008). *El enfoque gestàltico. Testimonio de terapia.* Ed. Cuatro Viento. Chile.

Perls, Fritz. (1997). *El Enfoque Gestáltico y Testimonios de terapia.* Ed. Cuatro Vientos. Chile. 9o. Impresión.

Perls, Fritz. (1998). *Sueños y Existencia.* Ed. Cuatro Vientos. Chile. 12o. Impresión.

Perls, F., Hefferline, R., y Goodman, P. (2006). *Terapia Gestalt: excitación y crecimiento de la personalidad humana,* (3ª Ed.). España: Sociedad de Cultura Valle-Inclan.

Polster E., Polster, M. (2005). *Terapia gestáltica.* Ed. Amorrotu. Buenos Aires

Quitmann, H. (1989). *Psicología Humanística.* (1ªed). Herder. Barcelona.

Robine. J. M. (1997). *Contacto y relación en PSICOTERAPIA.* Ed. Cuatro Vientos.

Robine, J. M. (2009). *Una terapia de las formas de la experiencia,* [en línea]. España: Gestaltnet. Recuperado el 13 de Noviembre de 2012, de http://gestaltnet.net/fondo/articulos/una-terapia-de-las-formas-de-la-experiencia/?searchterm=jean%20marie%20robine%202009

Steves, J. (1978). *Esto es Gestalt. Colección de artículos sobre terapia y estilos de vida gestàlticos.* Ed. Cuatro Vientos. Chile

Zinker, J. (1995). *El proceso creativo en la terapia gestáltica.* México: Paidós.

Vázquez, C. (2008). *Buscando las palabras para decir.* Sociedad de Cultura Valle Inclán.

> *La Filosofía es el arte de contradecirse, sin anularse.*
> Franco Volpi

Para poder explicar la corriente Existencial en la práctica terapéutica, es necesario señalar algunos puntos en los que coinciden los llamados filósofos existenciales, esto debido a que la epistemología que utiliza esta práctica se encuentra completamente basada en los principios de esta propuesta filosófica. Es importante señalar para el lector de este texto, que la Terapia Existencial recurre a la Filosofía más que a la Medicina, Psicología, Sociología, Antropología o Historia para poder generar un análisis de quién es el hombre y poder comprender su existencia, por lo que, aunque no niega que las corrientes basadas en epistemologías médicas, históricas, antropológicas o psicológicas tienen un fundamento de verdad, el tipo de análisis que hace el enfoque existencial va por otra vía.

Hay un ejemplo que ayuda a entender el párrafo anterior y que me gustaría proponérselo para poder empezar con el enfoque existencial y sus fundamentos:

"A un grupo de tres ciegos se les pidió que describieran cómo es un elefante, pero como ellos no habían conocido a ningún elefante antes, se les dio la oportunidad de acercarse a algunas partes separadas del elefante. Al primero se le dejó en la trompa, al segundo en la pata y al tercero en la cola, sin embargo, se les hizo creer que los tres habían tocado lo mismo.

Al preguntarles cómo es un elefante contestaron lo siguiente:

Ciego 1: Un elefante es como un cilindro semiflexible, es largo y áspero y al final del cilindro tiene una especie de orificios que son húmedos y resoplan.

Ciego 2: Estoy de acuerdo que el elefante es un cilindro, pero no es semiflexible, en realidad es corto y duro, claro que es áspero, pero al final del elefante es suave como un tambor.

Ciego 3: Estoy de acuerdo con el cilindro y con que también es corto, yo diría que muy corto, el elefante es completamente flexible y de un diámetro muy pequeño y al final no termina ni en hueco, ni en tambor, sino termina con pelo, así como si fuera una barba".

El ejemplo del elefante nos ayuda a ver que las corrientes que narran su entendimiento terapéutico desde la medicina o desde la psicología o antropología o filosofía sólo han descrito una parte del elefante, el acercamiento que tendremos en las siguientes cuartillas es la parte del elefante que se narra desde la filosofía, y particularmente desde la filosofía existencial, es importante tenerlo en cuenta por si alguno de sus saberes previamente adquiridos no comparten la misma línea epistemológica de este enfoque. Sería importante mencionar que ninguna perspectiva de la psicología o la psicoterapia puede ver la totalidad del elefante, todas y cada una de ellas sólo pueden ver una parcialidad y es, desde esa parcialidad, que proponen un entendimeinto.

Como se dijo anteriormente, para poder entender el pensamiento que da vida al enfoque terapéutico existencial es necesario conocer algunos puntos de la filosofía que lo sostiene, así que dividiremos nuestro ejercicio en dos partes: la primera, una breve mirada a la filosofía existencial y la segunda, ¿Qué es la terapia existencial?

I.- Una breve mirada a la Filosofía Existencial

La Filosofía Existencial nace antes de la *Segunda guerra mundial*[1], pero explota con toda su fuerza después de la misma. El cuestionamiento que los existencialistas o filósofos de la existencia se hacen sobre el análisis de la existencia humana es: ¿Qué es eso que es el hombre? ¿Por qué existe cuando pudo no haber existido nunca?; estas preguntas no están dirigidas al entendimiento del sentido del hombre o de su vida, sino al fundamento de

---

[1] Podemos analizar las filosofías de personajes como Frederich Nietzsche o Sören Kierkegaard que ya muestran pensamientos en torno al enfoque existencial de comprensión del ser humano, sin embargo, se puede decir que la filosofía existencial tuvo su auge en los años de la posguerra.

¿Quién soy?, ¿Cómo sé que existo?, ¿Cómo sé que esto no es un sueño[2] o estoy conectado a una máquina?

Este planteamiento de la filosofía existencial, que se puede traducir como "La existencia precede a toda esencia" (Sartre, 1950) irrumpirá en todos sus autores. Lo que los filósofos existenciales intentan plantear en este idea no es en contra de la esencia de las cosas o de que exista un destino o un objetivo a cumplir, lo que los filósofos existenciales afirman, apoyados de esta frase, tiene que ver con que, aunque existiera un sentido, una ruta, un destino o una verdad, la propia vida y nuestras relaciones hacen que esto cambie, es decir, no hay verdad que dure para toda la vida, ya que todas nuestras relaciones, experiencias, etc. hacen que esta se encuentre en constante cambio.

Podemos decir entonces que la filosofía existencial tomará prestado un concepto que data de los griegos: "el movimiento". Este concepto argumenta que todo en esta vida se está moviendo, y por ende, todo está siempre cambiando, siempre transformándose y siempre modificándose; pero es importante ver que existen varios movimientos, hay unos muy bruscos y unos muy suaves casi imperceptibles.

La Filosofía Existencial recoge un viejo dicho de Heráclito que dice "Nadie puede bañarse dos veces en el mismo rio", ya que la persona y el rio se encuentran siempre en movimiento; el agua de hoy no será la misma de mañana, pero la persona que soy hoy tampoco va a ser la misma que seré mañana. Si nadie puede bañarse dos veces en el mismo rio, la constante que tenemos es que todo cambia, todo se mueve y se transforma.

Esta tesis que utiliza la Filosofía Existencial plantea que la persona no es, la persona se está haciendo todo el tiempo. Vale la pena detenernos un poco en esta idea, ya que muchas veces genera un poco de confusión decir que la persona "no es". Decir que la persona "no es", es decir que la persona no está predeterminada, también es decir que la persona no tiene una misión o un objetivo a cumplir; o sea, que la persona no es un actor o un títere que viene a representar una obra que ya está escrita. El pensamiento existencial plantea que la persona tiene la libertad de reinventarse y decidir sobre su vida y su mundo, por lo que esto hace que la persona con cada decisión que toma, trace una nueva ruta cada vez.

---

[2] Principalmente hacemos referencia a la postura de Rene Descartes sobre cómo saber si mi vida no es un sueño y si el soñante soy yo o otra persona, para la referencia de la maquina se puede ver la película The Matrix.

Cuando nosotros estamos frente a una obra de arte supongamos *El Guernica* de Pablo Picasso, la obra está completamente terminada si hablamos de los trazos, la pintura, el marco, etc., pero el significado que tiene la obra aún no está completo, es hasta que el observador, digamos usted, se para enfrente del cuadro, que le da un tipo de significado; por ejemplo, supongamos que usted investigó un poco sobre esta pintura y sabe que hace referencia al bombardeo de Guernica el 26 de abril de 1937, y por lo tanto, ese es el significado que tiene para usted. Al paso de algunos años, usted se relaciona con una persona amante del cubismo, principalmente de Pablo Picasso y *El Guernica* es su cuadro favorito y supongamos, que usted se terminó casando con esa persona y compran una litografía del *Guernica*. Ahora cuando usted observa ese cuadro no sólo observa el Bombardeo de Guernica, sino en la pintura, usted puede observar aquellas tardes de verano en dónde su pareja le platicaba del cubismo o sobre Picasso o de la transformación del arte, etc.

Lo que estamos intentando mencionar en el ejemplo anterior, es que el cuadro (a simple vista) es el mismo en la primera ocasión que en la segunda, lo complejo es que la obra no ha cambiado y sin embargo ha cambiado muchísimo. El pensamiento existencial piensa que al hombre le sucede lo mismo, en apariencia, de un día al otro pareciera que no hemos cambiado nada, sin embargo, una situación puede hacer que toda nuestra vida cambie y todo lo que hoy nos gusta mañana ya no o al revés; es por eso por lo que el enfoque existencial se basa en esa idea para sostener que la persona "no es, se está haciendo".

El ser humano no nace siendo quien es, es decir, el ser humano no está definido ni se encuentra determinado, se ira coconstruyendo a partir de las influencias que su mundo tenga sobre él, pero también, él irá teniendo influencia sobre su mundo; esta situación generará una historia subjetiva (en cada persona). El enfoque existencial toma prestada esta idea y en voz de Jean Paul Sarte le dirá al mundo que no sólo es la relación de creador-creado la que hace que nosotros estemos siendo de determinada manera, sino también, las elecciones que tomamos en nuestra vida.

"Aquello que cada uno es, en cada momento de su vida, es la suma de sus elecciones previas. El hombre es lo que decide ser" (Sartre, 1943)

Antes de desarrollar el tema de la elección, es importante hacer mención de un tema primordial para el enfoque existencial: la idea de la finitud. Seguramente, si ha tomado alguna clase de existencialismo o ha leído algo del enfoque existencial, sabrá que la idea de la muerte es algo que los existencialistas gustan de analizar, el sentido no es hacer un análisis de la muerte en sí, sino de la posibilidad de dejar de existir.

La idea de la muerte es la idea de la finitud, es decir, que todo lo que hoy es, mañana puede dejar de ser y que no tenemos ningún control sobre eso. El filósofo Jason Silva, en su video *Existencial Bummer*[3], hace referencia a un pasaje que tuvo el poeta Rilke con Freud, en donde el poeta llora al ver un campo de flores y Freud le pregunta por qué llora, al escuchar esta pregunta, el poeta le contesta que él llora porque toda la belleza de ese campo de flores un día dejará de estar.

En el pensamiento existencial no sólo se piensa en la muerte física como la que hace que todo termine, sino en que todo está terminando todo el tiempo. Parafraseando a Martin Heidegger, el *Dasein* es el ser-para-la-muerte, que no sólo muere, sino que es conciente de que va a morir. Si se pone usted a pensar detenidamente, desde que inició la lectura de este capítulo han pasado quizá unos minutos y esos minutos ya murieron para usted, son minutos que no recuperará jamás; lo valioso de la muerte no es la muerte en sí, lo valioso de la muerte es que pone a cada una de las experiencias que vivimos como únicas y es nuestra elección la de vivirlas apasionadamente o de dejar que pasen.

Cabe mencionar que el enfoque existencial no le está pidiendo vivir apasionadamente toda su vida, sino darse cuenta de que usted puede vivir cada momento apasionadamente o sin pasión, y que una forma no es mejor que la otra, sino son experiencias que lo llevarán a caminos completamente diferentes.

El enfoque sostiene la idea de que nadie puede saber si existe o no una vida después de la vida, es decir, no sabemos si existe un orden teológico, espiritual o metafísico diferente, pero de lo que sí estamos seguros es que después de que muramos este que soy hoy ya no seré jamás.

Por lo tanto, si somos sujetos destinados a morir, nos convertimos en sujetos destinados a elegir qué tipo de vida queremos. Es importante la elección en el

---

[3]   Tomado de www.youtube.com el 1 de Marzo del 2017, "Existential Bummer, de Jason Silva, minuto 0:30"

sentido existencial, ya que no tiene que ver con la idea del derecho que tengo por el hecho de ser humano; la elección existencial es la conciencia de que al mismo tiempo que elijo, renuncio. Al mismo tiempo que escojo un tipo de vida, renuncio a otro tipo, pero mi elección no es un absoluto, mi elección dependerá también de todo lo que los demás están eligiendo.

Pero vayamos poco a poco construyendo esta idea. Jean Paul Sartre en, *El existencialismo es un humanismo* (2010), nos comenta que estamos condenados a elegir, es decir, que siempre elegimos, incluso cuando elegimos no elegir estamos eligiendo. Por lo tanto, piense que todo el día se encuentra eligiendo cosas: la ropa que se puso, el trabajo que tiene, la comida que se comerá, etc.

"El hombre está condenado a ser libre". (Sartre ,1946)

La libertad existencial goza de la característica de ser algo que hacemos todo el tiempo y que hacemos todas las personas que vivimos en este mundo, sin embargo, la libertad existencial no está basada en la felicidad, en el bien común o en la mejor forma de vivir; la libertad existencial está situada-en-el-mundo, es decir, esta siempre relacionada con el mundo y con las condiciones que este le provea. Le daré un ejemplo para ser más específico:

Yo elijo ir a una heladería por un helado de limón, y elijo qué tipo de heladería busco. Esta elección la estoy haciendo desde mi experiencia con la heladería, con los sabores que me gustan, con la cantidad de dinero que quiero invertir en el producto, etc. Es decir, esta elección la estoy haciendo desde toda mi historia y decido que hoy es un día excelente para esa elección, sin embargo, el heladero decidió que ese día no abriría, entonces no importa si yo elegí que ese día era el día perfecto para esa nieve de limón, esa elección está influenciada por las elecciones que otros hacen de su mundo.

Podemos decir que la libertad existencial es una elección que hago desde mi historia y que influye directamente en el mundo, mientras otros sujetos están haciendo sus propias elecciones. Sin embargo, como habíamos mencionado, hay otra característica de la elección que también es importante: elegir es renunciar.

"Queremos la libertad por la libertad y a través de cada circunstancia en particular. Y al querer la libertad descubrimos que depende enteramente de

la libertad de los otros, y que la libertad de los otros depende de la nuestra".
(Sartre, 1946)

Tomando en cuenta el ejemplo anterior y suponiendo que el heladero si abrió su negocio, yo elegí una nieve de limón, pero al mismo tiempo elijo renunciar a todas las demás opciones que la heladería me ofrece. El enfoque existencial nos invita a no solo ser consientes de las elecciones que hacemos, sino también de las renuncias que hacemos al mismo tiempo.

Elegir una nieve renunciando a otras es fácil, pero la cosa se pone más complicada si tenemos que elegir entre dos opciones que deseo muchísimo, por ejemplo, a cuántos de nosotros no nos sucedió que a la hora de elegir carrera o trabajo o pareja había dos o más opciones que en verdad deseabamos. Decir que elegir es renunciar, es hacerme consciente de que cuando elijo una opción sobre la otra, estoy despreciando las oportunidades que me ofrecía el otro mundo.

Entonces, ahora seamos conscientes de que, si usted eligió leer este texto, al mismo tiempo está decidiendo dejar de hacer un millón de cosas posibles con los minutos que le invertirá a esta elección.

Hasta ahora hemos visto que el pensamiento existencial fundamenta sus conceptos en las siguentes ideas: que todo se está moviendo y por ende todo está cambiando; que los minutos, las ideas y las personas son finitas y esto no depende de la muerte física, sino que al estarse moviendo hay ideas, pensamientos, sentimientos, personas, etc. que dejan de existir; que el hombre es capaz de elegir el tipo de vida que desea, pero estas elecciones no son individuales, sino se encuentran relacionadas con las elecciones que otros hacen en el mundo. Tomando en cuenta estos puntos surge el concepto de la co-construcción del mundo, es decir, el enfoque existencial asume que el ser humano no está solo en este mundo, sino que se encuentra acompañado, en un mundo que nos alberga como una casa para todos; entonces, todo lo que le hacemos a nuestra casa nos afecta directamente, pero no solo a nosotros, sino a todos los que nos rodean. Siguiendo la línea de este ejemplo, imagínese viviendo en una casa compartida con cinco personas, si a una de ellas se le ocurre hacerle una modificación a la casa, todos los demás gozaremos de esa modificación o la sufriremos, según sea el caso; eso mismo pasa en la co-construción del mundo, si cualquiera de nosotros hace una modificación, por pequeña que esta sea, todos nos veremos afectados por ese cambio.

Reconocer que el mundo es un mundo común, también es aceptar que las personas son diferentes y que muchas veces lo que el otro quiere o desea no es lo que yo quiero o deseo, el mundo común no es la unificación de todos los criterios, ni la tolerancia a todas las diversidades; el mundo común es el dialogo constante de las diversidades y las similitudes. El mundo común nos ayuda a entender que somos constructores del mundo y el mundo es constructor de nosotros, pero no es primero uno que el otro, sino se están dando simultáneamente.

Yaqui Martínez, líder del movimiento mexicano de Análisis y Terapia Existencial (Círculo Existencial), nos brinda un ejemplo que puede ayudarnos:

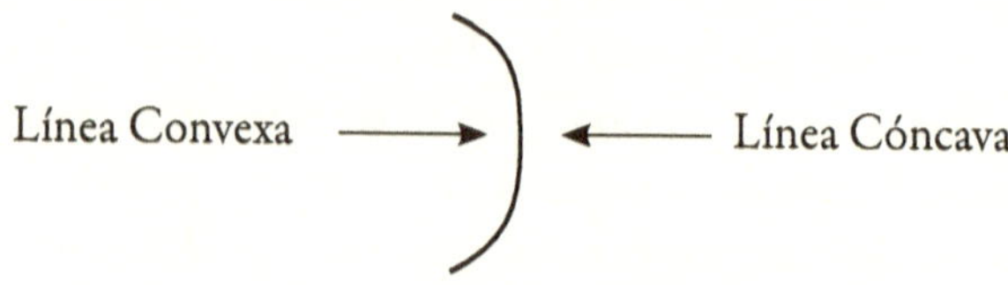

La línea que se presenta es al mismo tiempo cóncava y convexa (constructor y construido) dependiendo del lugar en dónde estemos observando. La línea será cóncava si la estoy mirando desde el lado cóncavo y será convexa si la miro desde el lado convexo, pero si salimos un poco de la lateralidad, la línea es cóncava y convexa al mismo tiempo, entonces es ambas, y no es más verdadero decir que es una o la otra, sin embargo tampoco es falso decir que es una o la otra, permítanme irme un poco más despacio, ya que esto tocará un tema fundamental para la filosofía existencial: la idea de verdad.

Para el pensamiento existencial la verdad no es una, es decir, no existe una sola verdad, sino existen perspectivas que observan la realidad y la acomodan en su particular entendimiento y a eso se le llama verdad. Sin embargo, este concepto a veces es pasado por el filtro de la norma, o sea la gran mayoría, y se acepta como una verdad total.

Un ejemplo para señalar lo anterior podría ser: si nosotros en 1300 decíamos que la tierra era plana, era una verdad completamente verdadera, es decir, estaba aceptada por la gran mayoría de la gente, unos años después, debido a algunas navegaciones y descubrimientos de otros continentes, se vio que la tierra no era plana, sino redonda. Incluso hoy en día si decimos que la tierra es redonda es una verdad aceptada, aunque esto no es del todo cierto por que los satélites han demostrado que la tierra no es precisamente redonda sino achatada en sus polos, "geoide". Si se fija usted, al paso del tiempo hemos ido describiendo la forma de la tierra de una manera distinta, es decir la verdad se ha ido modificando, entonces ¿De que sirve LA VERDAD[4]?

LA VERDAD, según el pensamiento existencial, sirve para designar el tipo de pensamiento predominante en esa cultura, sociedad, tiempo, etc., la confusión es pensar que ese pensamiento o marco de referencia es aplicable en todo contexto y a todas las personas. El enfoque existencial piensa que la instauración de LA VERDAD es una instauración de poder, por lo que, si queremos una terapéutica que sea capaz de poder comprender la verdad de cada persona, o sea su intersubjetividad, debemos tener una terapéutica capaz de renunciar a LA VERDAD y quedarse con las verdades o las perspectivas.

Expresamos entonces que LA VERDAD se construye en un tiempo y lugar determinado, esto es, que está siempre en relación con el tiempo, la moda, la idiosincrasia, la cultura, el estrato socioeconómico, etc. Según el pensamiento de Martin Heidegger, el sujeto siempre está situado en un contexto, o sea, siempre se encuentra situado en el mundo, de ahí que surgirá el concepto de "ser-en-el-mundo"; esta idea del enfoque existencial nos permite pensar que, para poder entender al sujeto, tenemos también que observar su contexto, los actores de su contexto, su tiempo, la idiosincrasia, las luchas sociales, raciales y culturales. Esto quiere decir que no podemos quedarnos solamente con la perspectiva de la persona, ni tampoco sólo con el contexto; tenemos que ver la relación que existe entre el sujeto y su medio para observar cómo se afectan y transforman entre sí.

La muerte de LA VERDAD es en sí misma generadora de angustia, es por esa razón que muchas veces preferímos quedarnos con la verdad, aunque esta sea parcial, que aceptar la angustia que lleva no tener ninguna VERDAD o tener una verdad subjetiva, por ejemplo, la idea de Dios: si para una persona Jesucristo es Dios, entonces Buda o Ra no son el Dios verdadero. La idea de la muerte de LA VERDAD no es la muerte de Jesucristo o Buda o Ra, sino la aceptación de que el Dios en el que esa persona cree no necesariamente es LA VERDAD, es solo su verdad. Sin embargo, aceptarlo pondría en crisis todo su sistema de creencias,

---

[4] Como un ejercicio didáctico pondremos la palabra verdad en mayúsculas, haciendo referencia a la verdad única y total y a la verdad en minúsculas como la verdad que acepta que es sólo una perspectiva.

por lo que la persona decide quedarse con esa verdad parcial pensando que es LA VERDAD, para no sentir la angustia que le podría generar dudar de ella.

En el enfoque existencial hemos decidido no pelearnos con la angustia, es decir, no intentar eliminarla, creemos que la angustia es un motor, es movimiento. Si seguimos con el ejemplo anterior, deberíamos de decir: siento angustia de que mi creencia de Dios no es total, pero como reconozco que no es total, entonces puedo acercarme contigo para que me presentes tu creencia de Dios. El motor de la angustia me lleva a moverme de mi área de *confort* para conocer un mundo que desconozco, este mundo será igualmente parcial, por lo que ahora que he conocido este nuevo mundo, tengo que volver a soportar la angustia para moverme y ampliarlo de nuevo. Podríamos decir que esto es un juego de construcción y deconstrucción del mundo para volverlo a construir y luego a deconstruir y así por toda la vida.

Uno de los mitos clásicos que nos ayudan a entender este ejercicio es el mito de Sísifo, en este mito, Sísifo debe colocar una roca en lo alto de una montaña, pero el problema es que cuando llega a la cima con la roca, esta cae de nuevo al suelo, así que Sísifo debe volver a empezar y lo mismo sucederá eternamente. Creemos que la vida es eso: conocer, luego admirar, luego desconocer, luego reconocer, luego admirar, luego desconocer, y así, un viaje por siempre.

Como el ejercicio existencial tiene que ver con la acción de elegir y no con el resultado de la elección, el enfoque existencial se muestra a favor de una responsabilidad de las elecciones, es decir, que yo soy el responsable de las cosas que elijo y de las cosas que renuncio, por lo tanto, el sentido de responsabilidad existencial tiene que ver con la habilidad que tengo para responder a las decisiones que he tomado.

Un ejemplo que puede favorecer el concepto anterior es el siguiente:

Estando en la escuela decido no estudiar para un examen, la responsabilidad existencial no es el hecho de haber estudiado o no, la responsabilidad existencial sería aceptar que si no estudio, lo más probable es que repruebe y tendría que asumir las consecuencias de esa elección.

El enfoque existencial menciona que regularmente por no hacernos cargo de nuestras elecciones y renuncias, queremos que otros se hagan responsables de las consecuencias de nuestros actos.

El pensamiento existencial utiliza los conceptos antes mencionados para poder decirle al hombre: "Bienvenido a tu vida, a veces este será horrible, a veces será fascinante, conocerás a mucha gente que te ayude en la misma y conocerás a mucha gente que te estorbe, tú decides si quieres vivirla apasionadamente o sobrevivirla, pero recuerda, no estás solo, entonces tus elecciones no serán las únicas que se tomarán en cuenta, esto muchas veces te generará confusión y angustia y a veces no te importará nada, dependerá de tu percepción momentánea, pero lo mejor del caso es que siempre estará moviéndose y cambiando; a veces con un movimiento rápido y violento, a veces con un movimiento que apenas percibirás. Bienvenido a tu vida".

Hasta aquí he intentado marcar algunos puntos de la filosofía existencial que la terapia existencial va a retomar, sin embargo, es importante mencionar que el pensamiento existencial en filosofía, así como en terapia, no es un pensamiento unificado, ya que si se unifica estaríamos hablando de una sola verdad, el pensamiento existencial es una serie de verdades o de filosofías que siempre están dialogando entre ellas, a veces el diálogo es muy apasionado hasta llegar al punto de ser violento y a veces es tan tranquilo que hasta parece que estamos de acuerdo.

II. ¿Qué es la Terapia Existencial?

La terapia existencial es una forma filosófica de comprender al ser humano, debido a esta razón, la fuerza de la Terapia no está en el tipo de técnicas que utilice el terapeuta, sino en el análisis y comprensión de la parcialidad o la subjetividad que tiene la persona para vivir su vida.

"La Terapia Existencial se caracteriza principalmente, a diferencia de otros enfoques terapéuticos, por estar directamente inspirada y apoyada en la filosofía más que en la medicina, psicología o en cualquier otra de las ciencias llamadas naturales. Sus reflexiones se apoyan en cierto número de ideas y conclusiones heredadas de la tradición existencial en filosofía, en concreto del movimiento que ha sido llamado fenomenología existencial. Por ello, resulta imposible alcanzar una cabal comprensión de los planteamientos de este modelo terapéutico sin referenciar los fundamentos filosóficos que la sustentan...". (Yaqui Martínez, 2016, p 61)

Muy probablemente hasta ahora se ha venido preguntando por qué se utiliza el término *terapia existencial* y no *psicoterapia existencial*, aquí una breve explicación:

Filosofía existencial: hace referencia al estudio filosófico de la existencia, como tal, no tiene una aportación dirigida al análisis del ser humano, es decir, una práctica clínica, psicológica o pragmática del existente; es meramente académica.

Psicoterapia existencial: los pioneros de este enfoque eran psicólogos, psicoanalistas o afines que decidieron utilizar el enfoque filosófico existencial y su entendimiento para hacer una práctica psicoterapéutica. Principalmente se enfocaban en las 5 temáticas existenciales: muerte, libertad, responsabilidad, soledad y sentido de vida.

Terapia existencial: Los analistas posmodernos del enfoque han decidido dejar atrás el termino *"psico"* porque mencionan que genera una división entre mente-cuerpo, yo-mundo, etc. Si existe una psique o un alma, entonces el cuerpo sólo expresa, es decir, el cuerpo es un vehículo de lo que está adentro. La Terapia Existencial asume que somos cuerpo, mente, energía, sentimientos, pensamientos, etc. todo en una sola unidad indivisible, y que, si a la hora que lo separamos didácticamente para su comprensión, el riesgo es que se nos olvide que era una separación meramente didáctica.

Vale la pena mencionar, así como lo dije al final del apartado primero, la terapia existencial no es un enfoque unificado, es decir, usted puede encontrar teóricos posmodernos llamándose psicoterapeutas existenciales o terapeutas existenciales o analistas existenciales, el diálogo sigue abierto para las perspectivas y sus argumentos. El trabajo que encontrará descrito en estas páginas tiene que ver con la forma en la que la *Escuela Mexicana de Análisis y Terapia Existencial* presenta su propuesta, por eso lo encontrará escrito desde el concepto de la Terapia Existencial.

La terapia existencial es un enfoque que fundamenta su trabajo en la comprensión de la vida intersubjetiva del otro, esto lo diferenciará de todas las corrientes psicológicas que fundamentan su trabajo en la cura o en la reeducación de los pacientes. Podemos decir que desde la perspectiva de la *Escuela Mexicana de Análisis y Terapia Existencial* hay tres tipos de enfoques dentro de las llamadas corrientes psicoterapéuticas[5]:

<u>Enfoques clínicos</u>. Los que fundamentan su quehacer en la clasificación y posterior tratamiento del diagnóstico del paciente. El trabajo se encuentra orientado a reparar al paciente.

---

[5] Cabe señalar que, aunque existen enfoques clínicos y eductivos dentro de la corriente existencial, la Escuela Mexicana de Análisis y Terapia Existencial promueve el enfoque exploratorio.

<u>Enfoques educativos</u>. Los que fundamentan su quehacer en el trabajo de reeducar a la persona a un mejor vivir. El trabajo se encuentra orientado a mejorar la vida del paciente.

<u>Enfoques exploratorios</u>. Los que fundamentan su quehacer en la comprensión de la subjetividad de la persona. El trabajo se encuentra orientado a comprender la vida del paciente.

Cada corriente puede tener subcorrientes de un tipo de enfoque o de otro, la terapia existencial no es diferente. Existen posiciones existenciales que son clínicas, posiciones existenciales que son educativas y posiciones existenciales que son exploratorias. *La Escuela Mexicana de Análisis y Terapia Existencial* es propiamente exploratoria, pero es importante mencionar que existen las otras y que son de igual valor.

El enfoque existencial exploratorio fundamenta su trabajo en la metodología fenomenológica, es decir, se sale del ambiente clínico-psiquiátrico, educativo-conductual/cognitivo, para meterse en el exploratorio-filosófico, es por esta razón que utilizará una metodología propiamente filosófica para entender al ser humano.

La Fenomenología es la ciencia que estudia al fenómeno que aparece a mi consciencia, entendiéndose como fenómeno cualquier cosa. Entonces, si aparece a mi conciencia un vaso con agua, la Fenomenología lo que estudiará será ese vaso con agua y su relación con mi mundo.

La fenomenología que se utiliza en la terapia existencial parte de 2 premisas:

1. Cosmovisión fenomenológica: "Todas las verdades son parciales, incluso decir que todas las verdades son parciales, es parcial"

Este es el primer y más importante criterio que cualquier terapeuta fenomenológico-existencial[6] deberá entender para hacer este tipo de trabajo. Básicamente toca el punto que trabajamos en las páginas anteriores, la idea es que nadie tiene la verdad total, todos tenemos una parcialidad de la verdad, es

---

6 Es importante señalar que por cualquier terapeuta fenomenológico-existencial nos referimos a los terapéutas fenomenológico-existenciales de la *Escuela Mexicana de Análisis y Terapia Existencial*.

decir, que ninguna idea, pensamiento, acción, emoción, etc. es aplicable para todos.

La cosmovisión fenomenológica nos invita a observar que no hay forma que no tengamos un criterio del mundo, de hecho, tener un criterio del mundo me ayuda a conocerlo y poderlo describir, sin embargo, ese criterio es parcial ya que depende de mis experiencias conmigo y con mi mundo, por lo cual, ese criterio no es aplicable a otro que tiene otras experiencias y otro contexto.

Una terapéutica basada en la cosmovisión fenomenológica es aquella que reconoce que tiene un criterio subjetivo de la vida, pero que ese criterio subjetivo de la vida sólo es aplicable para sí mismo, por lo tanto el trabajo con el consultante sería observar cuál es el suyo sin tratar de imponerle la verdad del terapeuta.

2. Actitud fenomenológica. "No saber".

Esta renuncia al saber es una de las más doloras para los terapeutas modernos, ya que, en la intención de ayudar al otro, muchas veces nos quemamos las pestañas para poder saber o decirle algo que le pueda ayudar, hacer un *insight*, que se dé cuenta o simplemente una interpretación que genere un marco diferente de acción para el paciente.

Todo esto es increíblemente lindo y son deseos genuinamente buenos del terapeuta para sus pacientes, pero la terapia fenomenológica existencial nos comenta que el problema de estos deseos es que anulan la posibilidad de existir del paciente, ya que es como si le dijéramos: "Tú no sabes vivir correctamente tu vida, déjame enseñarte cómo podrías vivirla mejor".

El *No Saber* que propone la fenomenología no es la pantalla en blanco, es decir, no es no tener ningún juicio de lo que el paciente narra en el consultorio, la actitud fenomenológica es aceptar que todos mis saberes no me alcanzan para poder comprender la experiencia subjetiva de mi paciente. Aquí un trabalenguas para ser más claro:

"No sé cómo es, porque ni siquiera sé cómo es para mí. Todo lo que sé de mí y de mi vida no me es suficiente para saber de mí y de la vida, por lo tanto, si no sé ni de mí, menos de ti". (Yaqui Martínez)

El entrenamiento que se les hace a los terapeutas fenomenológico-existenciales tiene que ver con el reconocimiento de todos los juicios, ideas, preconcepciones, sentimientos, energía, etc. que tienen *a priori* sobre sus clientes, ya que si pueden reconocerlas, entonces pueden intentar por un momento sostener su experiencia y ver cómo la otra persona siente, piensa, actúa la realidad de manera distinta a la suya. Esto hace de la actitud del *No Saber* un ejercicio de completa humildad para poder decirle al otro "enséñame cómo es para ti".

Para la *Escuela Mexicana de Análisis y Terapia Existencial* nuestra perspectiva nace como una forma práctica de comprender la existencia humana en todas sus formas. Yaqui Martínez menciona que existen 4 verbos que podrían describir el actuar de un terapeuta existencial:

1. **Explorar la experiencia subjetiva del otro.** Así como cuando vamos de vacaciones a otro lugar de nuestro país o del mundo, la exploración es un intento de comprender cuál es la cultura que está desarrollándose ahí; por lo mismo, si estamos dispuestos a explorar, nos disponemos a comer, ver, oler, sentir, hacer, tocar y exprimentar cosas nuevas. Por ejemplo, yo voy a una ciudad como Oaxaca, en mi marco referencial los bichos no se comen y en esta ciudad me dan a probar chapulines, si yo estoy dispuesto a explorar esta ciudad, me abro a la posibilidad de probar estos insectos, aunque no estén en mi marco de referencia. La exploración es muy importante en el enfoque existencial, ya que es una invitación a un mundo que no es el mío.

Para los terapeutas existenciales, el primer ejercicio que se les invita a hacer en su formación es ser capaces de explorar los mundos de otras personas sin intentar clasificarlos, cosificarlos o imponerles sus ideas; este primer ejercicio requiere que sean capaces de abrirse a realmente observar todos los elementos que la otra persona combina para poder hacer su experiencia única.

La exploración en nuestro modelo es un paso fundamental que los terapeutas existenciales necesitan aprender, ya que, muchas veces antes de hacer una exploración ya estamos generando una propuesta de intervención o una propuesta de corrección del mundo del otro.

2. **Analizar la experiencia subjetiva del otro.** Analizar es también un intento de comprender al otro, sin embargo, a diferencia de la exploración, la persona que está analizando está comparando (con diversas experiencias

que pueden ser propias o del cliente) todo lo que está en el mundo de su cliente.

A mí me queda muy claro cuando pienso en cómo describiría la comida mexicana a un extranjero; analizar es decirle ¿cómo se prepara?, ¿por qué se prepara así?, ¿se puede preparar de otra forma?, por ejemplo: ¿qué son las quesadillas?

La quesadilla es una tortilla doblada con queso, pero a veces, la quesadilla tiene otros ingredientes que podrían no ser el queso, como la pápa o la tinga o algún guisado, pero también la quesadilla puede ser con tortilla de harina, maíz, maíz azul; también puede ir frita o al comal. Analizar ¿qué es la quesadilla? va más allá de la tortilla doblada con queso, analizar la quesadilla es analizar todas las posibilidades que tiene la quesadilla de ser. Ahora imagínese con una persona que ni siquiera cuenta con ellas en su marco de referencia.

Para poder analizar la experiencia del paciente, es necesario el interés genuino en la persona y observar que, aunque yo ya tenga un conocimiento, este no me alcanza para poder entender todas las posibilidades del conocimiento de mi paciente.

Permítame hacer una simplificación con el ejemplo de la quesadilla. Si yo ya sé qué es una quesadilla, cada vez que mi paciente me hable de quesadillas, ya no analizo nada, doy por hecho que yo ya lo sé, sin embargo, el trabajo del terapeuta existencial en su función de analista es poder sostener que yo ya sé que las quesadillas son tortillas dobladas con queso, pero que a lo mejor para mi paciente son mucho más que eso. Así que los terapeutas existenciales sostienen todo lo que saben, para ponerse a preguntarle a su paciente ¿cómo es eso para él?, ¿qué referencias culturales están implicadas?, ¿sus historias tienen alguna carga emocional o energética?, ¿les representa algo significativo?

El segundo verbo que el terapeuta existencial aprende lo ayuda a intentar hacer una terapia para cada paciente, es poder salirse de sus marcos normativos de referencia y ver que la persona que tenemos enfrente no es un libro, no es un objeto; él piensa, siente y expresa a su forma, y le debemos todo el respeto a esa subjetividad. La capacidad de un buen terapeuta existencial podría compararse a lo que un enólogo hace con sus vides cada año, un agricultor con su cultivo, un artesano con su artesanía o un cocinero con su comida, no es replicable ni repetible, el trabajo del terapeuta en su segundo verbo será siempre arte.

3. **Sostener la experiencia subjetiva del otro.** La propuesta del enfoque existencial radica en la invitación que se le hace a la persona para permanecer en la experiencia emocional y cognitiva que surge por el hecho de estar explorando y analizando su existencia. El terapeuta debe ser capaz de mantenerse acompañando a su paciente, incluso si la narración de este le evoca emociones o ideas que le parezcan incómodas.

Cabe mencionar que esta invitación sólo es durante el tiempo de la sesión terapéutica y no en su vida diaria. Un ejemplo para ser más claro, es la depresión. Regularmente, cuando un paciente llega a consulta con depresión pide que se le ayude a que ese sentimiento se quite y él pueda volver a su vida "normal". La terapia existencial no va a dirigir sus esfuerzos a intentar hacer esto que pide el paciente, lo que hará será preguntarle ¿qué es lo que hace que él quiera deshacerse de ese sentimiento?, ¿qué ideas aparecen para decir que no le gusta?, ¿cómo era su vida antes, o "normal", que la desea tanto?, etc.

Es importante este verbo ya que ayudará a la persona a ser mucho más consciente de las elecciones que toma. Lo que estará intentando hacer el terapeuta existencial es revisar todo el mundo que el paciente tiene y luego que él mismo decida con una consciencia reflexiva, el paso que quiere dar.

Cuando la terapéutica está más basada en las acciones o en la cura que en la exploración, análisis y sostenimiento de la experiencia, se producen dos cosas que los terapeutas existenciales queremos reducir:

a) El paciente no confía en sus recursos y se vuelve dependiente de los saberes de sus terapeutas, es decir, con la intención de sentirse mejor deja que otros tomen decisiones por él o le digan qué es mejor o peor en su vida.

b) El paciente se vuelve un pseudohedonista funcional, es decir, que quiere que en pro de su "buen" funcionamiento sólo tenga las partes "positivas" de la vida y por lo tanto escinda algunas otras partes; sin embargo, en la terapia existencial se cree que este es un sistema moralizador de la terapia. La intención del terapeuta existencial no es moralizar la terapia, sino observar todos sus colores y formas y ver qué impacto tienen en la vida de cada ser humano y sostenerse en ellas el tiempo que sea necesario.

4. **Apropiar la experiencia subjetiva del otro**. Apropiar la experiencia subjetiva no proviene de la idea de "eres esto y ya, acéptate", apropiar la experiencia es: "estas siendo esto y no te gusta, ¿cómo es para ti serlo, sabiendo que no te gusta?", entonces este verbo no es una acción per se, es el resultado de trabajar de manera disciplinada con los 3 verbos anteriores.

El ejemplo más simple, retomado de una clase de Yaqui Martínez, es el del fumador que quiere dejar de fumar. Si al consultorio llega un paciente que es fumador y quiere dejar de fumar, el trabajo del terapeuta existencial no radica en la idea de que el paciente se acepte como fumador o se acepte como exfumador, el trabajo es ayudarlo a comprender cómo llego al hecho de ser un fumador que desea dejar de fumar. Este ejemplo es fácil, pero imagínese que llega a su consultorio un paciente que es homosexual que quiere dejar de serlo, muchos colegas le dirán acéptate como homosexual y serás feliz, otros le dirán acéptate como heterosexual y serás feliz; la terapia existencial partirá de la premisa de comprender cómo podemos apropiarnos de la experiencia de ser un homosexual que quiere dejar de serlo, es decir, de la tensión que hay entre estos dos polos.

El trabajo que debemos observar en este último verbo radica en que los terapeutas existenciales no cometan el error de irse con el contenido del discurso, sino que deben de hacer un análisis del proceso de la existencia de cada persona.

La terapia existencial no pretende ser un prototipo del "bien vivir" y el vivir "más saludablemente", la terapia existencial asume que la vida misma tiene muchísimos matices y que cada uno es hermoso ya que es único.

Teniendo hasta ahora los fundamentos teóricos y metodológicos básicos de la Terapia existencial, podríamos decir que este es:

—Filosófica: Porque basa su estudio en la comprensión del existente, influenciada siempre por las filosofías del movimiento existencial.

—Dialogal: Porque invita al dialogo de perspectivas, creyendo que nadie tiene una verdad total y que las verdades parciales siempre estarán en constante cambio.

—Relacional: Porque cree que siempre estamos en relación con otros y con el mundo.

—Fenomenológica: Porque utiliza la cosmovisión, actitud y método fenomenológico para acercarse a la comprensión de la vida subjetiva de la persona.

- Hermenéutica: Porque intenta analizar los significados que le damos a todas las cosas, personas y circunstancias que nos aparecen en el mundo, así como los procesos de resignificación.

Antes de concluir este capítulo démosle, unos párrafos a una de las características mas innovadoras del enfoque existencial: el paradigma relacional.

Como ya hemos visto, el enfoque existencial fundamenta su trabajo en la visión de que todo esta en relación constante con todo, es decir, el sujeto siempre esta relacionado con su mundo y con otros sujetos. Es importante explicar, que cuando nosotros nos referimos a lo relacional no solo hacemos referencia a las relaciones tangibles, sino a la posibilidad que tenemos de tener relaciones. Déjeme explicarlo para ser más claro:

Usted tiene una relación con su madre, su padre, su hermano, etc, al mismo tiempo, usted también tiene una relación con el asiento en el que se encuentra sentado, pero también tiene una relación con el medio ambiente que lo rodea. Esos tres tipos de relaciones son tangibles y usted podría dar cuenta de ellas sólo con pensarlo un poco.

Existen relaciones que no son tangibles, sin embargo nos siguen afectando, por ejemplo: la relación que usted tiene con el clima en asia, o con los animales del sur del Congo o con Jashimi Nagashaki que vive en Otawa, la relación que tiene usted con estos tres ejemplos es de desconocidos, es decir, tiene una relación con el clima de asia, con los animales del sur del Congo y con Jashimi Nagashaki de desconocidos.

Todas las personas y todos los objetos tenemos una relación que nos influencia a veces de manera muy clara y a veces de manera muy poco perceptible; sin embargo, imaginemos que usted va a Otawa y conoce a Jashimi Nagashaki, en ese momento su relación cambia de ser de desconocidos a ser de conocidos.

El estudio de la relacionalidad es el estudio de las relaciones en movimiento, de las relaciones como posibilidad de cambio y transformación de la experiencia humana. Teniendo en cuenta que todo siempre esta en relación con todo, no existe nada en este mundo que no se encuentre relacionado.

Hasta ahora hemos observado que el enfoque existencial en la terapia trabaja con la relación que la persona tiene con sus temáticas de vida, con la relación tiene con los otros, con la relación tiene con su entorno, con la relación que tiene con los desconocidos, con la relación que la persona tiene consigo mismo, etc; siempre bajo la lupa que todo se mueve y se transforma.

¨No hay forma de separar limpiamente lo que cada uno, terapeuta y paciente, aportan a la interacción, porque cada uno requiere de la participación emocional del otro". Stephen Michell

Bibliografía

Camus, A. (1999) *El mito de Sísifo*, Losada, Argentina

Feinmann, J.P. (2009) *La filosofía y el barro de la historia*, Editorial Planeta, Argentina

Martínez, Y. (2014) *Filosofía Existencial para terapeutas y uno que otro curioso*, Editorial LAG, México.

Martínez, Y. (2016) *Terapia existencial. Teoría y práctica relacional para un mundo postcartesiano Vol.1*, Editorial Círculo de Estudios en Psicoterapia Existencial, México.

Moreno, C. (2000) *Fenomenología y Filosofía Existencial* Volumen 1, Editorial Síntesis, España

Sartre, J.P. (2010) *El Existencialismo es un humanismo*, Editores Mexicanos Unidos, México.

Sartre, J.P (1950) *Los caminos de la libertad. El aplazamiento* (II), Losada, Buenos Aires, Argentina

Savater, F. (2010) *La aventura de pensar*, Editorial Debolsillo, México

Spinelli, E. (2005) The interpreted world. An introduction to phenomenological psychology, SAGE, Londres, Reino Unido.

Spinelli, E. (1994) *Demystifying therapy*, PCCS books, Reino Unido.

Spinelli, E. (2015) *Practicing existential therapy. The relational world*, SAGE, Londres, Reino Unido.

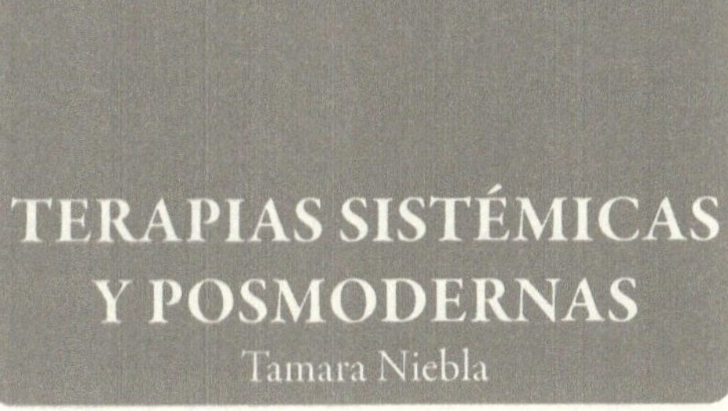

TERAPIAS SISTÉMICAS Y POSMODERNAS
Tamara Niebla

Introducción

Para comprender la terapia sistémica, es importante en principio tomar en cuenta que más que un conjunto de técnicas es una postura ideológica que tiene como característica principal enfocarse en las interacciones entre la persona y su entorno. Ludewig (2010) menciona que no existe una terapia sistémica unitaria sino diferentes corrientes que tienen cierta distinción entre ellas, aunque comparten fundamentos básicos. En la terapia sistémica se utiliza el término *pensamiento sistémico* como una manera de englobar diferentes enfoques de las ciencias de los sistemas.

Nichols y Schwartz (2006) proponen que un sistema puede ser cualquier grupo de elementos o personas interrelacionadas y la manera en que funcionan conjuntamente, por ejemplo, una familia, un salón de clases, un grupo de trabajo, una amistad, o una relación de pareja. Por otro lado, Anderson y Sabatelli (2011) describen a la familia como un grupo de individuos interdependientes que han compartido historia, algún lazo emocional, y que idean estrategias para atender las necesidades de cada individuo y de la familia en su conjunto; no obstante, esta es una definición actual, debido a que anteriormente se definía a la familia como: "parejas casadas con hijos que residen en la misma casa" (Anderson y Sabatelli, p.1).

Algo muy común es confundir el enfoque sistémico con la terapia familiar, y aunque pueden ir de la mano, una terapia sistémica puede ser individual o incluso una terapia familiar puede ser abordada desde un modelo distinto al sistémico. La terapia familiar fue precursora de la terapia sistémica y aunque comparten algunas bases epistemológicas, difieren en cuanto a que la terapia sistémica no considera a la familia como el foco de atención terapéutica; por el contrario, el enfoque sistémico se centra en los procesos de interacción y comunicación. Por ende, las terapias familiares no se reducen a lo sistémico y conocemos que existen múltiples enfoques desde los cuales se pudiera abordar una terapia familiar, como pudiera ser desde el modelo humanista o el psicodinámico.

BASES EPISTEMOLÓGICAS DEL PENSAMIENTO SISTÉMICO

La *teoría sistémica* se utiliza para estudiar un grupo relacionado de elementos que en su conjunto interactúan como una sola entidad (Nichols y Schwartz, 2006). Un acercamiento a la historia nos ayudará a conocer los detalles del pensamiento sistémico observando la evolución que ha tenido a través de los años desde sus orígenes hasta las aportaciones de las posturas posmodernas.

Uno de los modelos más influyentes en el pensamiento sistémico fue la *Teoría de los sistemas*, que tiene sus bases en la estructura y funcionamiento de máquinas organizadas y unidades biológicas de donde surge la *Teoría general de los sistemas*, un modelo desarrollado por el biólogo Ludwig Von Bertalanffy. Según la teoría de los sistemas, las propiedades esenciales de un sistema vivo son el resultado de las interacciones y relaciones entre sus partes, por lo tanto el todo es mayor que la suma de sus partes, por lo que el sistema se destruye en el momento en que nos enfocamos en elementos separados. Bertalanffy introdujo también la idea de que cada subsistema es a su vez una parte de un sistema mayor, tomando en cuenta la influencia que tiene el entorno y la cultura en el subsistema (Goldenberg y Goldenberg, 2004).

Las personas son consideradas sistemas abiertos (Miller,1978 en Goldenberg y Goldenberg, 2004) a diferencia de las máquinas consideradas sistemas cerrados. Los sistemas abiertos continuamente interactúan con su ambiente, y al mismo tiempo demuestran lo que Bertalanffy denominó *equifinalidad*, que se refiere a la habilidad que tienen los seres vivos de alcanzar una meta final. Los cibernéticos también introdujeron el término de *morfogénesis*, el cual describe la capacidad de un sistema de adaptarse al medio y cambiar su estructura dentro de nuevos contextos, contrario al término de *homeostasis familiar* descrito por Don Jackson, que describe la resistencia al cambio, dificultando la adaptación de un sistema a nuevas etapas o circunstancias (Nichols y Schwartz, 2006).

Al mismo tiempo que se estaba formulando la teoría de los sistemas, surge la *cibernética*, que se refiere al estudio de los mecanismos de retroalimentación en sistemas autorregulados como ciertas máquinas o algunas funciones fisiológicas de los organismos. En una familia o grupo, estos mecanismos de retroalimentación tienden a mantener estabilidad en el sistema reinsertando resultados de pasadas actuaciones replicándolas, actualizando así su continuo funcionamiento. El centro de la cibernética es el *circuito de retroalimentación*, proceso mediante el cual el sistema toma la información necesaria que obtiene de los miembros del sistema, así como del ambiente externo para mantener sus funciones. La retroalimentación negativa indica cómo el sistema cambia de curso y a la vez se corrige regresando a su curso habitual para así restablecer su equilibrio; por otro lado la retroalimentación positiva confirma y empodera la dirección que el sistema está tomando. Todos los sistemas, incluyendo a la familia, requieren un balance entre la retroalimentación positiva y negativa (Goldenberg y Goldenberg, 2004; Nichols y Schwartz, 2006). Una analogía para comprender mejor la retroalimentación negativa es el calentador de una casa, en el cual la temperatura empieza a bajar de los grados preestablecidos hasta que de pronto se autocorrige para volver a la temperatura programada (Nichols y Schwartz, 2006).

Jackson (1959) en Nichols y Schwartz (2006) considera el sistema de la cibernética como una excelente metáfora de cómo las familias mantienen su propia estabilidad. Se consideró que la cibernética podía ser aplicada al campo de estudio e intervención con familias, y se contemplaron cuatro aspectos principales: (1) las reglas familiares, las cuales mantienen la homeostasis familiar y que se refieren al rango de comportamiento que la familia está dispuesta a soportar; (2) los mecanismos que las familias utilizan para mantener esas reglas (culpa, castigos, síntomas); (3) las secuencias de interacción familiar en torno al problema y (4) lo que sucede cuando la costumbre dentro de un circuito de retroalimentación negativo se vuelve inefectivo desencadenando un circuito de retroalimentación positivo, que puede llevar a un círculo vicioso en donde cualquier acción por salir de él termina por alimentarlo y hacerlo cada vez mayor (Nichols y Schwartz, 2006). Como mencioné antes, no quiere decir que mantener siempre un ciclo negativo sea necesariamente adecuado, ya que podemos caer en una dinámica dentro del sistema en la que al procurar mantener su equilibrio este se resista al cambio; por el contrario, si las situaciones externas son adversas, pudiera ser una herramienta que ayude al sistema a superar una situación desafiante.

La ciencia de la cibernética tuvo sus orígenes en los años cuarenta en una serie de conferencias llamadas *Las conferencias Macy* en donde el matemático Norbert Wiener en 1948 fue el primero en utilizar el término cibernética enfocándolo a las computadoras principalmente, cuyo significado en griego quiere decir timonel, refiriéndose a la dirección que toman los distintos mecanismos de retroalimentación dentro de un sistema para así guiarlo y gobernarlo (Goldenberg y Goldenberg, 2004).

Aunque Wiener reformuló algunos constructos psicológicos a partir de su teoría, fue Gregory Bateson, un antropólogo y etnólogo, quien tomó los conceptos de estas conferencias y los adaptó a las ciencias sociales y del comportamiento al aplicarlos al campo de la comunicación humana (Goldenberg y Goldenberg, 2004).

La *cibernética de primer orden* habla de un observador que puede estudiar el sistema de manera objetiva sin hacer modificaciones, manteniéndose fuera del sistema (Nichols y Schwartz, 2006); sin embargo, fue hasta 1970 cuando surge el término de *cibernética de segundo orden*. Dentro de esta nueva visión se considera al observador dentro del sistema observado, lo que quiere decir que cualquiera que busque observar o cambiar el sistema forma parte de él en ese momento (Heylighen y Joslyn, 2001).

Durante la década de los cincuenta, Gregory Bateson llevó un proyecto en Palo Alto, California, llamado *El proyecto sobre esquizofrenia*, mismo que marcó los inicios de la *teoría de la comunicación* aplicada a la terapia. Aquí fue en donde por primera vez surge el término de *metacomunicación*, que hace referencia al mensaje y su significado oculto o cubierto (Goldenberg y Goldenberg, 2004). Unos años después Paul Watzlawick escribió el libro *Pragmatics of Human Communication* en el cual describe cinco axiomas fundamentales para comprender la teoría de comunicación en la terapia: (1) *es imposible no comunicarse*; (2) *toda comunicación tiene un nivel de contenido y un nivel de relación, de tal manera que el último clasifica al primero, y es, por tanto, una metacomunicación*; (3) *la naturaleza de una relación depende de la gradación que los participantes hagan de las secuencias comunicacionales entre ellos*; (4) *la comunicación humana implica dos modalidades: la digital y la analógica (la comunicación verbal y no verbal)* y, por último (5) *los intercambios comunicacionales pueden ser tanto simétricos como complementarios* (Watzlawick, Bavelas y Jackson, 2002).

Posteriormente Bateson en conjunto con John Weakland, Jay Haley y Don Jackson introdujeron el concepto de *doble vínculo* el cual hace referencia a un mensaje contradictorio de alguien significativo al que una persona es incapaz de responder, se observó que la persona al no saber cómo actuar ante el mensaje, podía presentar rasgos similares a los de la esquizofrenia en ese momento, un ejemplo de esto podría ser cuando un alumno de un salón de clases hace una pregunta y el maestro se molesta, lo que ocasiona que al final de clase cuando el maestro pregunta si alguien tiene una pregunta nadie responda y resulte en que el maestro se enoje de nuevo. Aquí el mensaje es contradictorio debido a que los alumnos no entienden si deben de opinar o no porque el maestro les dio a entender que no está bien opinar pero tampoco no opinar. Llevando este tipo de mensajes a confrontaciones en las que los mensajes contienen odio y amor de forma recurrente por parte de una sola persona, imposibilitando que el otro dé una respuesta satisfactoria genera una confusión muy grande. Esto conduce a Bateson y su grupo a tomar los mensajes incongruentes como elementos de una falla en la comunicación del sistema familiar considerando a la esquizofrenia como consecuencia de esto. Al observar estos patrones de comunicación se dan cuenta que los pacientes son una extensión de una familia enferma con cuyo sistema de comunicación alimentan los síntomas, considerando a todos como parte del problema (Goldenberg y Goldenberg, 2004).

Una de las características principales de un terapeuta sistémico es el manejo de la circularidad o circularidad causal, término introducido por Bateson y que ayudó a cambiar la visión de la psicopatología. En mi experiencia fue uno de los principales retos al iniciar mi formación como terapeuta dentro de este enfoque debido a que generalmente estamos acostumbrados a encontrar soluciones de manera lineal. La circularidad tiene como característica: romper con el modelo médico en el que existe un síntoma y una causa. A diferencia de una intervención directa en la que hay una acción–reacción, cuando hablamos de una intervención o un proceso circular, se espera una acción-reacción-reacción contemplando un espectro más amplio y considerando más factores o posibilidades, creando así cursos de retroalimentación circulares que están en continuo movimiento. Bateson decía que los seres vivos no podemos ser ni tener procesos completamente lineales debido a que no podemos medir todos los factores de reacción de un individuo. Por ejemplo, si pateamos una roca podemos medir fuerza, distancia y el ángulo de la caída para determinar un efecto; sin embargo, si hipotéticamente pateamos a un gato, no podemos saber exactamente cuál va a ser la reacción debido a las múltiples posibilidades de respuesta que existen (Bateson, 1979 en Nichols and Schwartz, 2006).

Hasta este punto hemos podido entender cómo los patrones de interacción moldean los sistemas, sin embargo, también es importante tomar a consideración la forma en la que las creencias, la cultura y el lenguaje de cada miembro del sistema se interrelacionan. Es por esto que a continuación hablaremos del constructivismo, el construccionismo social, la hermenéutica y la filosofía del lenguaje tomando en cuenta la importancia de las vivencias personales, cómo nuestro entorno afecta nuestras experiencias y la construcción de nuestra propia realidad a partir de nuestras narraciones.

El **constructivismo** nos dice que no podemos conocer el mundo tal como es, sino que podemos conocer nuestra propia experiencia de lo que percibimos de ese mundo. En el constructivismo, el observador es parte del sistema y puede observarse a sí mismo a la vez que organiza su propia percepción en conjunto con lo que observa del ambiente. Maturana y Varela (1984) mencionan que vivir es conocer, por lo que los reflejos y las emociones son resultado de una construcción propia de significado. El ser humano es autopoiético, lo que quiere decir que de manera permanente está dando coherencia a lo que percibe. Se considera que vivimos en un mundo intersubjetivo inmerso en el mundo social y del lenguaje que están en continua relación (Maturana, 1995). George Kelly (1955) decía que las personas le damos sentido a nuestro mundo al crear constructos a partir de lo que recibimos del ambiente que nos rodea y las interpretaciones que le damos. Una de las principales aportaciones por parte del constructivismo a las terapias sistémicas fue la técnica de *reencuadrar*, que se refiere al cambio de nombre a una situación específica (Nichols and Schwartz, 2006); por ejemplo, cuando una mujer tuvo un pasado de violencia, ella pudiera percibirse como una víctima, sin embargo si renombramos esta etiqueta pudiéramos decir que la mujer fue una superviviente; si bien, las dos nos hablan de una mujer que vivió una experiencia dolorosa y desagradable, la primera definición de sí misma pudiera describir vulnerabilidad, mientras que la segunda quizá describe a una persona que tuvo la fortaleza de salir adelante a pesar de un pasado adverso. En pocas palabras el constructivismo nos indica cómo las personas vemos desde unos lentes muy particulares y la terapia nos ayuda a explorar con "nuevos lentes", para captar otras formas de ver la escena (McNamee, 2004; Nichols y Schwartz, 2006).

El posmodernismo comienza en la década de los setenta y es un movimiento histórico en el que se cuestionan las verdades dominantes y universales proponiendo un mundo subjetivo en el que existen muchas interpretaciones de la realidad, o bien múltiples realidades. En la narrativa se considera que esta realidad se construye a partir del lenguaje y esta realidad puede ser cambiante y dinámica. Dentro del posmodernismo se desarrolló otra tendencia denominada construccionismo social el cual como el constructivismo considera que el mundo es percibido desde nuestras interpretaciones, aunque estas interpretaciones son moldeadas a partir de nuestra relación con el contexto social en el que vivimos. Mientras que en terapia el constructivismo aporta que la persona no tiene problemas por una condición objetiva, sino por sus interpretaciones, el construccionismo social suma el reconocimiento de que dichos significados provienen de las conversaciones con otros (McNamee, 2004; Nichols y Schwartz, 2006; Payne, 2006).

En el libro *The saturated self*, Gergen (1991) menciona que nuestro vocabulario y la capacidad de expresión personal puede permitirnos la oportunidad de formar nuevas relaciones, mientras que la falta de lenguaje puede limitar nuestro mundo. Menciona que la posmodernidad se distingue por una pluralidad de voces que hablan por su propia verdad, en lugar de considerar una sola verdad para todos.

Las primeras tendencias, particularmente la teoría de los sistemas y la cibernética, provienen de una tradición moderna, en la que se usa el método científico para comprobar verdades irrefutables. El posmodernismo dice que si bien la ciencia propone una verdad con evidencia, también las construcciones personales y sociales en el campo de las ciencias humanas son relevantes para comprender las relaciones causa-efecto.

La **hermenéutica** (método para interpretar y comprender la conducta humana, además de textos y discursos) nos describe que cada interpretación o descripción es una versión de la verdad y en la interpretación influye el contexto cultural, el lenguaje y el momento histórico. Esto quiere decir que podemos interpretar lo que comprendemos desde lo que conocemos por nuestra experiencia; no obstante, nunca podremos entender en su totalidad a la otra persona (Payne, 2006; Anderson, 1997; Anderson y Gehart).

Otro movimiento posmoderno importante fue el **posestructuralismo**, una rama en el movimiento posmoderno que nos invita a reflexionar sobre cómo nos referimos a las estructuras de los fenómenos mentales, y rechaza la idea de que el ser humano es lo que es debido a estructuras que escapan de su control y voluntad (Payne, 2006). Si bien el *estructuralismo* nos habla de distintas estructuras que dan significados dentro de una cultura (como tradiciones y costumbres dentro de un grupo) ayudando a clasificar y dar orden a un conjunto de fenómenos, estableciendo reglas dentro de una sociedad que dictan un estilo de comportamiento; el postestructuralismo nos invita a cuestionar dichas estructuras.

El vehículo primario por el que construimos y damos sentido al mundo es a partir del lenguaje. Las palabras no representan al objeto, ni son cosas tangibles, sino que adquieren su significado en la interacción a partir del lenguaje. Las narrativas son secuencias de vida que se eligen y se vuelven reales en el momento que se relatan. Estas narraciones definen la identidad del individuo con base en los recuerdos y percepciones de su vida actual, los papeles que desempeña y sus relaciones sociales (Anderson, 1997; Anderson y Gehart). Esto es relevante debido a que en las terapias posmodernas se busca comprender distintas perspectivas y se cuestiona la rigidez de ciertas narrativas dominantes y "verdades absolutas" que impactan en la concepción de una persona o grupo a partir de estereotipos o conceptos culturales específicos.

Contribución a la terapia

Anteriormente mencioné las aportaciones de la cibernética a la teoría sistémica y cómo los circuitos de retroalimentación definen la autorregulación de un sistema manteniendo un equilibrio o llevándolo a círculos viciosos. Esto en terapia nos ayuda a entender la dinámica de un sistema considerando sus reglas y el grado de adaptación de los miembros del mismo; a partir de esto podemos conocer la interacción dentro del sistema e intervenir a partir del lenguaje adoptando una postura activa como en la cibernética de segundo orden en la que como terapeutas formamos parte del sistema mientras somos observadores y agentes de cambio. También se pueden conocer las aportaciones grupales e individuales al funcionamiento del sistema, así como el impacto de la influencia externa e interna en la dinámica del sistema.

En otras palabras, las crisis producidas en un circuito positivo pueden dirigirnos a una reevaluación de las reglas del sistema llevándolo a tomar mayor perspectiva y así poder encaminarnos a comunicar cómo está siendo la comunicación dentro del sistema (Bateson, 1956 en Nichols y Schwartz, 2006).

La teoría de los sistemas nos enfoca en el sistema completo, y nos invita a cambiar la perspectiva de que un miembro del sistema es el único portador del problema. Consideramos que el sistema completo es el que busca un cambio y es a la vez parte también del problema.

El pensamiento sistémico empezó desde épocas modernas, no obstante, a través del tiempo fue adoptando teorías y modelos del movimiento posmoderno, por lo que diríamos que el enfoque ha ido evolucionando a través del tiempo. Un terapeuta sistémico puede tomar un modelo o distintas técnicas de varios modelos mientras el objetivo sea claro y la intervención sea oportuna. En lo personal considero que, al adaptar las teorías y técnicas posmodernistas, el terapeuta sistémico ha evolucionado a ser un terapeuta sistémico posmoderno sin excluir que algunos terapeutas adopten un modelo específico que no entre dentro del posmodernismo.

Dentro de las terapias de corte moderno nos encontramos con: La Terapia estratégica breve (MRI), la Terapia estructural (Minuchin), y el Grupo de Milán (Selvini-Palazzoli, et.al.); mientras que en las terapias de corte posmoderno nos encontramos con el Equipo de reflexión (Andersen), la Terapia narrativa (White, et.al.), la Terapia colaborativa (Anderson), y la Terapia centrada en soluciones (de Shazer, et. al.). Esta última considerada dentro de la transición entre lo moderno y lo posmoderno. Más adelante describiré cada una de ellas resaltando los conceptos principales y su aportación a una visión sistémica y/o posmoderna.

La Terapia estructural

El pionero de este modelo terapéutico fue el argentino Salvador Minuchin, psiquiatra y con estudios en psicoanálisis, quien a través de su teoría describe que el síntoma de un individuo tiene sus raíces en el contexto familiar y dentro de sus patrones de interacción, por lo tanto, para poder aliviar un síntoma es importante que se dé un cambio en la organización o estructura familiar. La terapia familiar estructural ofrece dar orden y significado a las transacciones entre sus miembros, dándole mayor peso a la familia como conjunto, más que a la psicodinamia individual de cada uno de los integrantes que la componen (Goldenberg, 1995).

Los constructos que definen la terapia estructural son: estructura, subsistemas y fronteras.

La **estructura** familiar es el conjunto de patrones y reglas que organizan la forma en que sus integrantes se relacionan entre sí. Los patrones transaccionales son los que van a moldear el comportamiento de sus miembros y se mantienen organizados por reglas universales o individuales. Según Salvador Minuchin, toda familia debe de tener jerarquías (por ejemplo: los padres deben de tener mayor autoridad que los hijos) y también deben de existir funciones complementarias entre los hermanos y entre la pareja, esto para asegurar una funcionalidad armoniosa dentro del sistema familiar (Minuchin, 1974 en Goldenberg, 1995).

Las familias se pueden diferenciar por sus **subsistemas** basados en generación, género y funciones o roles, mismos que marcan sus límites por medio de fronteras interpersonales. Las **fronteras** son barreras invisibles que regulan el contacto con otros y estas pueden variar entre rígidas, claras o difusas. Las fronteras muy rígidas permiten independencia aunque puede derivar en falta de afecto y compromiso al aislarse de otros subsistemas; por el contrario, las fronteras difusas promueven mucha cercanía poniendo en riesgo la independencia. Se considera que las fronteras claras permiten la interacción sin sacrificar la independencia (Goldenberg, 1995). Por ejemplo, cuando una pareja decide vivir juntos, se deben de ajustar y acomodar a las necesidades mutuas para poder llegar a patrones complementarios de apoyo. Cuando tienen hijos es importante mantenerse como esposos y crear un nuevo subsistema de padres. Esto quiere decir que los hijos pueden interactuar con el subsistema de padres, pero no con el subsistema de esposos y esto a la vez define una jerarquía en donde los padres son los líderes de la relación con los hijos.

Lo que se espera de una familia no es la ausencia de problemas, sino una estructura funcional para lidiar con ellos. Para esto se debe de llegar a un acuerdo de organización, coordinar rituales cotidianos y generar una atmósfera en la que se pueda respetar la individualidad a la vez que se comparta un sentido de identidad entre los miembros. Las modificaciones en la estructura se dan cuando uno o varios de sus integrantes enfrentan presiones externas o cuando se dan transiciones naturales del desarrollo. Bajo este modelo se considera que la familia sana puede acomodarse ante el cambio, mientras que una familia disfuncional incrementa la rigidez de su estructura, misma que ya era obsoleta. Dentro de los extremos están las familias desenganchadas (fronteras rígidas) y las amalgamadas (fronteras difusas) (Goldenberg, 1995).

En la terapia estructural se considera que los síntomas en una persona no sólo reflejan las interacciones de esa persona, sino que también reflejan la relación entre los demás miembros del sistema (Minuchin y Fishman, 1981); por ejemplo, es muy común que en ocasiones se presente la pareja a hablar de los problemas del hijo con la intención de trabajar en algún síntoma del menor para evitar así hablar sobre la problemática que existe en la pareja.

Goldenberg (1995) menciona que en esta terapia el objetivo es alterar la estructura familiar para que pueda resolver sus problemas, y estos son vistos como una dificultad para adaptarse a los cambios, siendo importante resaltar una jerarquía efectiva. En familias desenganchadas es importante trabajar en problemas interpersonales y en cambiar roles para fomentar mayor involucramiento; en las familias amalgamadas la meta es diferenciar a los individuos y subsistemas a la vez que se fortalecen las fronteras entre ellos.

El terapeuta utiliza estrategias para llegar a su objetivo terapéutico a través de diversas técnicas. La primera fase de la terapia es la valoración, en la que se hacen preguntas acerca del problema hasta que la familia puede ver más allá del síntoma y logra incluir a toda la familia. Después se observa cómo las interacciones pueden estar ayudando a mantener el problema. Posteriormente se investiga muy brevemente el pasado para ver cómo los adultos de la familia desarrollaron perspectivas que actualmente influencian las interacciones. Finalmente se exploran opciones en las que la familia pudiera interactuar de una manera más productiva (Goldenberg, 1995). Las tres estrategias principales que utiliza la terapia estructural y que tienen sus propias técnicas son: desafiar el síntoma, desafiar la estructura familiar y desafiar la realidad familiar (Minuchin y Fishman, 1981).

Las técnicas más destacadas de esta terapia según Minuchin y Fishman (1981), y Nichols y Schwartz (2006) son:

1. Reunir y acomodar. Se honra la autoridad de los padres preguntando a ellos primero cuál es el motivo de consulta, en un inicio el terapeuta no desafía al sistema y permite que hable la persona que la familia elija como portavoz, permite el silencio de quienes no quieren compartir y acompaña a los miembros más poderosos y a los que tienen más enojo.

2. Escenificación. Se pide que la familia actúe o converse sobre una situación problemática, posteriormente el terapeuta interrumpe y guía modificando la actuación. Otras veces el terapeuta fomenta que continúe la escenificación.

3. Rastrear: mapeo estructural. Revela coaliciones, alianzas y conflictos explícitos e implícitos; se escucha a todos los miembros de la familia.

4. Resaltar o subrayar y modificar interacciones. Se puede intensificar un momento en terapia, buscar estrategias alternativas o moldear la competencia. La intensificación es una técnica que busca resaltar la voz del terapeuta en una situación en particular para enfatizar un punto dentro de la sesión.

5. Crear o modificar fronteras. Ayuda a fortalecer algunas relaciones y dar identidad a las partes cuando el sistema es amalgamado.

6. Desbalancear. Romper con la neutralidad y tomar partido con la finalidad de romper con el equilibrio y realinear el sistema.

7. Desafiar suposiciones improductivas. Hacer observaciones, ofrecer información y consejo.

Es posible que, aunque la terapia sea con toda la familia, algunas sesiones subsecuentes pueden ser con algún subsistema para lograr algún objetivo como fortalecer alianzas.

Para finalizar con este modelo terapéutico, quisiera resaltar que al igual que con los otros modelos que describiré a continuación, la intención de este capítulo es brindar breves resúmenes que nos den una fotografía general de los modelos, no obstante es importante adentrarse a detalle en cada uno y leer más al respecto para comprender el panorama completo.

Terapia Estratégica Breve (MRI)

Este enfoque también es conocido como *Terapia Centrada en el Problema*, es estratégica y se enfoca en el síntoma. Comenzó en 1967 cuando Richard Fisch abrió el centro de Terapia Breve-MRI en el instituto de investigación mental que Don Jackson fundó en 1959. La *Terapia Estratégica Breve* basa muchos de sus conceptos en la *Teoría de la Comunicación* desarrollada por Gregory Bateson.

En 1952 Bateson invitó a que se unieran a sus investigaciones en Palo Alto a Jay Haley, John Weakland, Don Jackson y William Fry; su trabajo estudió la paradoja en la comunicación y concluyeron que la comunicación a distintos niveles o capas va definiendo las relaciones entre las personas; en ocasiones cuando dos personas se comunican y el mensaje no verbal no coincide con el verbal, la persona se confunde y recibe un mensaje de doble vínculo que termina por ser destructivo y se considera dentro de una comunicación paradójica. Muchas de las intervenciones paradójicas en terapia provienen de la aplicación de los principios hipnoterapéuticos de Milton Erickson que consisten en convertir la resistencia en ventaja (Goldenberg y Goldenberg, 2004).

Este modelo introdujo dos de los conceptos más poderosos dentro de la terapia sistémica: primero que los sistemas perpetúan sus problemas por sus propias acciones y que en ocasiones las directivas adaptadas de manera particular a una familia, pueden traer cambios decisivos (Fisch, Weakland y Segal, 1994).

El objetivo principal de la terapia es interrumpir círculos viciosos que ocurren a partir de intentos fallidos por solucionar el problema convirtiendo los intentos por mejorar en parte del problema. En 1967 Watzlawick, Bavelas y Jackson establecieron una serie de cinco axiomas de los cuales uno de ellos es que la gente siempre está comunicando, y otro es que los mensajes llevan un reporte o contenido, y a la vez una demanda implícita. En las familias estos mensajes demandantes son reglas en los patrones familiares que se pueden observar en interacciones redundantes. Muchas veces la familia no se da cuenta de las reglas que existen en su familia y aún así las siguen, mismas que mantienen el orden, la homeostasis y generan resistencia al cambio como lo vimos en el concepto de retroalimentación negativa de la cibernética (Goldenberg y Goldenberg, 2004).

El enfoque de MRI para resolver problemas es: (1) identificar los ciclos positivos que mantienen el problema; (2) determinar las reglas que mantienen esas interacciones y (3) encontrar la manera de cambiar las reglas para romper con la conducta que alimenta y mantiene el problema. La terapia es una intervención breve que consiste en 10 sesiones de una hora cada una, y se compone de cuatro pasos: definición del problema, exploración del comportamiento que mantiene el problema, objetivos para el tratamiento y selección de la intervención (Fisch, Weakland y Segal, 1994). Una vez que se define el problema, es importante identificar quién ha tratado de resolver el problema y cómo. Generalmente las soluciones que generan el problema se pueden catalogar en tres categorías: negar que existe un problema (se debe de tomar acción y no se toma), esforzarse por resolver un problema que no es en realidad el problema (se toma acción cuando no se debería) o esforzarse en resolver un problema dentro de un marco que hace que la solución sea imposible (se toma acción pero en un nivel equivocado). Cuando el terapeuta crea una estrategia para cambiar la secuencia que mantiene el problema, los clientes deben de seguir tal estrategia. Para interrumpir esta secuencia algunas estrategias pueden ser poco ortodoxas y salir del sentido común, a estas estrategias se les llama: **intervenciones paradójicas** (Nichols y Schwartz, 2006).

Frecuentemente los intentos por resolverlo han hecho que el problema se agrave o no se solucione en lo absoluto; a esto se le denominan **intentos fallidos**, que generalmente son diferentes intentos dentro de una misma categoría de posibles soluciones que se resumen en tratar de solucionar el problema con una misma estrategia disfrazada y a esto le llamamos **más de lo mismo**; por ejemplo, cuando a un niño que hace berrinche se le castiga la televisión, después se le priva de ir al parque, se le niega comprarle algo y los papás reportan: ¡Lo hemos intentado todo!; podemos categorizar todos estos intentos en privar al niño de cosas a la vez que le ponen atención enojándose con él y han sido intentos fallidos debido a que no han resuelto la situación y ahora estos intentos de solución probablemente ya son también parte del problema. Típicamente el objetivo de la terapia estratégica sería prescribir una acción de 180°, es decir intentar algo completamente opuesto a lo previamente probado y para lograr que el cliente acepte la tarea es importante saber ofrecerla. Por ejemplo, cuando el niño haga berrinche en lugar de brindarle atención castigándole cosas, podemos intentar ignorarlo o brincarlo, aún cuando en el momento el berrinche se intensifique; esto con el objetivo de romper con el círculo vicioso e intentar algo diferente. Otras veces se puede solicitar que continúen con la conducta de la cual se quejan los clientes como una prescripción sintomática que paradójicamente busca que a partir de esta maniobra los resultados sean opuestos, por ejemplo: pedirle a una persona con insomnio que continúe esforzándose en no dormir (Fisch, Weakland y Segal, 1994).

La postura al ser estratégica, debe de evitar ser muy directiva para no crear resistencias en los clientes; para evitar esto, el terapeuta adopta una postura denominada "uno abajo", que quiere decir que el terapeuta promueve la equidad y la forma de dirigirse se torna propositiva más que impositiva por lo cual "vender la tarea" es fundamental para alcanzar los objetivos. Una técnica que ayuda a fortalecer esta postura es solicitar al cliente que los cambios no deben de ser rápidos para evitar recaídas y se les pide ir lento cuando se ven muy desesperados por cambiar algo, con el objetivo de hacer algo diferente y lograr que el cliente logre cambiar la conducta al tomar el control del ritmo. Para MRI, la manera de resolver el problema es cambiar el comportamiento que lo ha mantenido, o bien cambiar la perspectiva de forma que ya no sea un problema. A partir de la alteración de respuestas de comportamiento rígidas se puede observar que los clientes se vuelven más flexibles en sus estrategias de resolución de problemas. Si la respuesta es favorable, podemos decir que se dio un cambio de segundo orden al modificar las reglas que gobernaban su respuesta ante los problemas (Fisch, Weakland y Segal, 1994; Goldenberg y Goldenberg, 2004).

Dentro de las aportaciones de esta terapia a la actualidad están la importancia de la claridad de los objetivos, anticipar reacciones a las intervenciones por parte del cliente o las familias, el uso creativo de directivas y entender además de dar seguimiento a las secuencias de interacción.

Modelo Sistémico de Milán

Este modelo mejor conocido como *Terapia familiar sistémica de Milán* está basado principalmente en la teoría cibernética de primer orden del grupo del Instituto de Investigación Mental de Palo Alto, que hace énfasis en las reglas familiares y la búsqueda homeostática de patrones de interacción; sin embargo, el enfoque de Milán ha tenido cambios continuos desde sus orígenes hasta ahora. El modelo del Grupo Milán ha sido el más consistente en conceptos y metodología con las ideas de Gregory Bateson (1972) con relación a la epistemología circular y su frase para describir la información: "la diferencia que hace la diferencia" (Goldenberg y Goldenberg, 2004).

Mara Selvini-Palazzoli, una psicoanalista infantil, organizó un grupo de ocho psiquiatras a finales de los años sesenta para trabajar con familias de niños con anorexia nerviosa; sin embargo, el grupo original se separó y se quedaron Luigi Boscolo, Gianfranco Cecchin y Giuliana Prata quienes formaron un grupo de estudio para entender mejor las teorías y técnicas sistémicas y así intervenir en familias a través de sus patrones de interacción. Paul Watzlawick fue un consultor que los visitó recurrentemente en Italia los primeros años aunque durante la década siguiente el grupo desarrolló su propia teoría y estrategias de intervención. Una década después se separó en dos nuevamente: Selvini-Palazzoli y Prata, Boscolo y Cecchin. El modelo ha ido cambiando y a la vez a influido en algunos de los modelos posmodernos que conocemos actualmente (Goldenberg y Goldenberg, 2004).

El modelo antiguo lo describiré brevemente para enlistar los conceptos que nos dejó y que se aplican actualmente. Las sesiones eran una vez al mes por lo que podía extenderse el tratamiento hasta un año, es por esto que se denominó un **proceso terapéutico largo y breve**. Detrás de un espejo permanecía un terapeuta que portaba la visión más "objetiva" y dos terapeutas permanecían con la familia en la sala. El observador podía llamar a uno de los terapeutas para dar consejos, sugerencias y sus observaciones (Tomm, 1984; Gelcer, 1990).

El formato de la sesión consistía en 5 partes: una presesión, una sesión, una intercesión, intervención y discusión o postsesión. Todo comenzaba con una llamada en la que se tomaba nota literal de lo que la familia relataba como el problema. Antes de ver a la familia, el equipo se reunía para formular una hipótesis tentativa que debía de ser circular. Dentro de la terapia, en la intersesión se tomaba un descanso prolongado en el que el observador lideraba una discusión para determinar si la hipótesis permanecía o se cambiaba. Después el equipo regresaba con la familia (intervención). La postsesión servía para analizar las reacciones de la familia y así prepararse para la siguiente sesión. Influenciados por el modelo estratégico, usaban prescripciones paradójicas para flexibilizar transacciones rígidas en la familia. Los sistémicos de Milán se concentraban en **el juego familiar** para poder entender las reglas dentro del sistema (Tomm, 1984 y Gelcer, 1990). Esto en la actualidad nos invita a concentrarnos en las reglas dentro de un sistema para comprender cómo está organizado y entender mejor las interacciones entre sus miembros.

Se considera a la familia como un **sistema autoregulado** que se controla a partir de sus reglas constituidas y probadas desde tiempo atrás a partir de un proceso de ensayo y error. Los síntomas no se consideran accidentales, sino que mantienen un propósito particular en el sistema. Asumiendo que el portador del síntoma entre los integrantes mantuviera la homeostasis del sistema, la prescripción sería: **no hacer cambios**, como parte de una paradoja. Otra técnica es la **connotación positiva**, que implica reconocer a cada miembro dentro de sus funciones en el sistema y se describe su participación con el síntoma del paciente identificado para así involucrar a todos en el entendimiento del juego familiar. Esto quiere decir que los miembros de familias disfuncionales se veían comprometidos en secuencias de interacción destructivas que ya estaban identificadas previamente, no obstante la identificación del problema está sirviendo para mantener el sistema de la mejor forma posible por el momento y es por esto que se les reconoce ese esfuerzo por mantener el sistema a flote. El terapeuta lo que debe de hacer es cambiar las reglas primero para poder cambiar las conductas. Se observó que las intervenciones directas desataban más peleas entre los miembros y era contraproducente por lo que se optó por intervenir a partir de una paradoja y una respuesta del terapeuta como una contraparadoja (mensaje de doble vínculo). Los **rituales** son descritos como experimentos para que la familia pruebe en un sentido de creencias y acciones nuevas formas de relacionarse entre sí y son un ejemplo de intervenciones paradójicas. La posición del terapeuta durante la terapia es completamente **neutral** (Tomm, 1984, Gelcer, 1990 y Nichols y Schwartz 2006). Finalmente la **circularidad** es uno de los conceptos primordiales de este modelo y que se ha adoptado en la postura del terapeuta sistémico hasta la actualidad. En específico, las preguntas circulares en la terapia sistémica de Milán, consisten en hacer preguntas a cada miembro de la familia sobre otras dos personas dentro del sistema con la finalidad de hacer un *mapeo* sobre las interconexiones de los miembros y sus diferentes perspectivas respecto a una situación particular. La idea era encontrar cadenas de retroalimentación causal entre los patrones de interacción de la familia y así incorporar los descubrimientos a la hipótesis sistémica que en respuesta nos daría bases para formular futuras preguntas y así ir puliendo mejor la hipótesis. Esto abre camino a centrarnos en patrones de comunicación y acciones entre las personas más que en concentrarnos en la sintomatología, además de permitir abrir las perspectivas a otros miembros de la familia para que esas diferencias de percepción ayuden a mejorar la convivencia ampliando el panorama (Gelcer, 1990). Es importante no confundir la terapia sistémica de Milán como la única terapia sistémica a pesar del nombre, como mencioné al inicio de este capítulo no existe una sola terapia sistémica sino un conjunto de modelos y técnicas.

TERAPIA CENTRADA EN SOLUCIONES (SFT)

Este tipo de terapia adopta la filosofía del construccionismo social haciendo énfasis en la importancia del lenguaje y sus significados. Es importante poner atención en cómo decimos las cosas más allá de lo que decimos. Steve de Shazer es considerado el creador de este enfoque, aunque otras personas como Insoo Kin Berg fueron junto con él pioneros de este modelo. Bill O'Hanlon junto con Weiner-Davis expandieron el trabajo de Steve de Shazer y se convirtieron en figuras sumamente importantes dentro de la terapia centrada en soluciones. Este modelo tomó la terapia de MRI y la cambió hacia un sentido positivo; lo que en MRI conocemos como intentos fallidos (los intentos erróneos para modificar un problema), en SFT se denomina búsqueda de excepciones que hace énfasis en las veces que sí se pudo resolver el problema anteriormente o cuando el problema no se consideraba problema. Mencionamos la importancia del lenguaje debido a que este modelo propone que se hable de soluciones y no de problemas, fomentando así un lenguaje positivo en lugar de fomentar conversaciones que estén saturadas del problema. Otro aspecto que rompe con el modelo de MRI es que mientras este se enfocaba en conductas, SFT se concentra en cogniciones. La idea de las excepciones es que la persona se dé cuenta de cómo en un momento en el pasado fue capaz de salir de una situación similar, por lo que es muy probable que pueda replicar sus estrategias para resolver la situación actual (Nichols y Schwartz, 2006). Dentro de este enfoque, la entrevista en sí se considera una intervención, debido a que, al centrar la conversación en un lenguaje de soluciones, la persona puede llegar a experimentar cambios en su percepción acerca de la situación (O'Hanlon y Weiner-Davis, 2011). Dentro de este modelo es más importante que la persona se enfoque en seguir haciendo lo que sí le ha funcionado, más allá que buscar hacer algo diferente (de Shazer, 2004).

Se considera que las personas tienen las herramientas para resolver sus problemas, aunque en ocasiones necesiten abrir el panorama para darse cuenta de esto. El objetivo de esta terapia es enfocarse en lo que la persona o la familia reporta que quiere diferente en su vida y resolver la queja actual de manera eficiente (Nichols y Schwartz, 2006). Como mencionan O'Hanlon y Weiner-Davis (2011), es necesario que se dé un pequeño cambio en el sistema que pueda tener impacto en otros aspectos del mismo, haciendo así una diferencia.

La postura del terapeuta no es autoritaria y busca mover a los clientes de la preocupación a una posición enfocada en la solución.

De Shazer (2004) propone una técnica inicial que a su vez se considera una excepción a futuro denominada la **pregunta del milagro**. Él propone que si enfocamos a los clientes hacia el futuro en donde ya se resolvió el problema, será más fácil enfocarse en un lenguaje de cambio positivo y ayudará a los clientes a ver qué será diferente cuando el problema se haya resuelto. La pregunta del milagro es la siguiente: "Supongamos que una noche mientras duerme, se produce un milagro y su problema se resuelve. ¿Cómo se daría cuenta? ¿Qué sería diferente? ¿Cómo lo sabrían los demás sin que usted les diga una sola palabra sobre el asunto?

Una vez encaminadas las sesiones se pueden hacer **preguntas escalares** como una especie de encuesta para saber si la terapia va en buen camino y para que el cliente pueda percibir el cambio por más pequeño que sea y así continuar encaminando el lenguaje positivo (Nichols y Schwartz, 2006). Por ejemplo: En una escala del 1 al 10 en donde 1 es el problema y 10 es el lugar en donde ya no existe problema, ¿Dónde crees que nos encontramos ahora? ¿Qué crees que falta para subir un punto en la escala?

Esta terapia suele ser breve y tiene dos estrategias fundamentales que son: establecer metas claras y generar soluciones a partir de excepciones (Nichols y Schwartz, 2006). Dentro de este modelo se utilizan las llamadas **preguntas presuposicionales** como preguntas que encaminan a los clientes hacia respuestas que promueven sus recursos y los enriquecen. Son estas preguntas las que nos ayudan a explorar excepciones y son encaminadas hacia lo positivo; por ejemplo, en lugar de preguntar: ¿Ha habido momentos en los que no peleen?, se pregunta: ¿Cuándo se llevan bien qué cosas hacen juntos? (O'Hanlon y Weiner-Davis, 2011).

Al finalizar la terapia es importante que se tomen 10 minutos para recapitular la sesión por parte del terapeuta enfocándose en lo positivo y reconociendo las herramientas del cliente de manera explícita pero genuina. También existen algunas sugerencias (Nichols y Schwartz, 2006; de Shazer, 2011) que pueden ayudar a mantener encaminado el lenguaje de solución entre sesiones:

(1) Tarea de fórmula de la primera sesión: "Durante esta sesión y la siguiente quisiera que observes qué pasa en tu (familia, vida, relación...) que te

gustaría que siguiera sucediendo".

(2) Hacer más de lo que funciona: "Siendo que mencionan que al salir a caminar se comunican mejor, tal vez pudieran intentar hacerlo una o dos veces en la semana"

(3) Hacer algo diferente: "Mencionas que usualmente cuando le ayudas a tu hermano con su tarea, termina por no hacerla. Qué te parece si esta semana intentan algo diferente"

(4) Ve despacio

(5) Haz lo opuesto

(6) Tarea de predicción: "Antes de dormir, trata de predecir si el problema será mejor o igual el día de mañana. Mañana califica tu día y compáralo con tu predicción. Piensa qué pudo haber aportado en hacerlo mejor o peor que tu predicción. Repite esto cada noche hasta que nos volvamos a ver".

Terapia colaborativa

La terapia colaborativa es una postura más allá que un conjunto de técnicas que está orientada en rescatar las voces de los clientes. La conversación genera significados y la terapia debiera de ser un espacio colaborativo en el que el cliente como experto de su historia nos lleve a explorar esos significados a partir del diálogo (Anderson y Gehart). Una observación por parte del modelo colaborativo presentado por Harlene Anderson (1993) fue que los pacientes o clientes no eran del todo escuchados en todas las terapias debido a que el terapeuta estaba haciendo terapia a ellos en vez que con ellos, por lo que invitó a tomar una postura de *not knowing* (no saber), en la que el terapeuta demuestra una genuina curiosidad en lo que la otra persona está narrando. Esto se deriva del término conocido como **hermenéutica** que quiere decir interpretación, y busca hacer énfasis en la comprensión e interpretación del significado del otro. Explica que las personas conocen el mundo en sí mismo, solamente a partir de sus prejuicios y para poder llegar a significados compartidos es importante meternos en el terreno del otro (Anderson, 1997; Nichols y Schwartz, 2006).

Los participantes se involucran mutuamente en una indagación compartida examinando, preguntando y reflexionando. La escucha debe de ser activa en la que a partir de una genuina curiosidad se busque atender, interactuar y responder, además de hacer preguntas que ayuden a comprender lo que el cliente está diciendo. La postura del terapeuta no es de experto sino que colabora a partir de una conversación dialógica siguiendo los temas sobre los que el cliente quiere conversar. El diálogo es el proceso interactivo mediante el cual se "interpretan las interpretaciones" y es a partir de las interpretaciones que se dan procesos de comprensión. Antes de las conversaciones y aún durante, tenemos un diálogo interno con nosotros mismos o uno imaginario; no obstante a la hora de compartirlo con otra persona quien nos pregunta, escucha y aporta, podemos llegar a interpretar los significados de maneras más claras y eficientes (Anderson y Gehart).

Esta postura fue un antecedente para otros modelos como la terapia narrativa, principalmente por la postura de *not knowing* o genuina curiosidad por parte del terapeuta, así como por la búsqueda e interpretación de significados a partir del diálogo.

Equipos reflexivos

Modelo presentado por Tom Andersen que consiste en un equipo de terapeutas trabajando en alianza con los clientes, con el propósito de ofrecer múltiples puntos de vista. El equipo puede ser conformado desde 3 o 4 terapeutas comprometidos en desarrollar narrativas enriquecidas que al ser diferentes ofrezcan más apertura en las opciones (Haley, 2002). Cuando una persona o un sistema buscan terapia, se considera que la persona o sistema se "atoró" en un proceso de su vida, por lo que la terapia también se considera un proceso mediante el cual los clientes pueden encontrar nuevas rutas hacia el objetivo; en otras palabras un sistema "atorado" necesita nuevas ideas para ordenar sus perspectivas. (Andersen, 1987).

Los equipos de reflexión evolucionaron del uso de equipos de la terapia sistémica de Milán. El esquema de trabajo consiste en que durante la sesión un terapeuta mantiene una conversación con la persona o el sistema, y al mismo tiempo el equipo está observando detrás de un espejo. Después, el equipo mantiene una conversación sobre la entrevista durante 10-15 minutos mientras el cliente y el terapeuta los observan y escuchan. Posteriormente se le pregunta al cliente sus comentarios acerca de lo que el equipo discutió y él puede decidir qué información le pareció relevante. La interacción terapéutica es vista como un proceso que ocurre dentro y entre dos sistemas: el sistema del cliente y el sistema del equipo (Haley, 2002).

Esta postura se basa en el construccionismo social y reta la idea de la realidad objetiva. Se considera que las ideas, conceptos y significados son producto de la interacción y las relaciones sociales, por ende la terapia es la coconstrucción de significados a través de la conversación. Como terapeuta y equipo siempre se debe de utilizar lenguaje tentativo considerando que no hay una sola verdad sino múltiples puntos de vista acerca de los dilemas que presentan los clientes. Los comentarios deben de tener una connotación positiva y únicamente se debe de comentar sobre lo que se platicó en la sesión (Andersen, 1987).

Terapia Narrativa

El enfoque narrativo es una expresión de la revolución posmoderna en su totalidad. La terapia narrativa está más preocupada por la forma en que las personas construyen sus significados que en sus conductas, y los significados pueden tener múltiples interpretaciones. Lo que busca la narrativa es desafiar patrones de pensamientos (las historias que la gente se cuenta acerca de sus problemas). El fundador de la terapia narrativa fue Michael White y su trabajo fue inspirado principalmente por personajes como Michel Foucault y Erving Goffman, críticos de la deshumanización por parte de las instituciones y por los expertos autoritarios. También se interesó en la postura de Bateson acerca de cómo la gente construye su mundo más que en los patrones de comportamiento de los modelos basados en los sistemas. El segundo líder más influyente en el movimiento narrativo fue David Epston, quien introdujo la metáfora narrativa convenciendo a White de que era más útil que la cibernética. Epston enfatizó que para que las narrativas se mantengan se necesitan comunidades que las apoyen, es así como introdujo las ligas de autoayuda, que eran grupos de gente que batallaba con problemas similares (Nichols y Schwartz, 2006).

Cuando los terapeutas comenzaron a preguntarle a los clientes sobre sus historias, se empezaron a dar cuenta de cómo sus relatos afectaban la percepción de las personas. Las historias no sólo reflejan la vida sino que la van formando. Se piensa dentro de este modelo que los problemas aparecen cuando la gente *se inmersa* en una visión estricta y estrecha de sí mismos (Nichols y Schwartz, 2006). Las personas nacen en contextos sociales e históricos que impulsan a que las personas relaten historias de su vida dejando algunos eventos fuera que no consideran tan importantes. Los discursos sostienen visiones particulares del mundo, y tienden a ejercer poder en las historias que eligen las personas para relatarlas. En terapia muchas veces los terapeutas están entrenados a escuchar bajo un oído inmerso en diagnóstico y patología, lo que muchas veces hace más difícil escuchar las historias de los clientes (Freedman y Combs, 1996).

White y Epston (1993) mencionan que la persona no es el problema, sino que el problema es en sí el problema. La **externalización** es una práctica que dio soporte a la creencia de que el problema es algo externo que opera o impacta en la vida de la persona pero que está separado y es diferente a la persona. La externalización puede ser vista como técnica, aunque va más allá considerándose una actitud asumida primero por el terapeuta (Freedman y Combs, 1996). Externalizar el problema quiere decir en sentido práctico cosificar o incluso personificarlo para poder interactuar con él desde una posición externa (Butler, Guterman y Rudes, 2009). Un ejemplo sería preguntarle a una persona que menciona ser *muy miedosa* etiquetándose a sí misma de esta manera. ¿En qué momentos sientes que el miedo se quiso apoderar de ti pero no lo dejaste? ¿Si pudieras decirle algo al miedo qué sería? De esta manera se retira la etiqueta de la persona y se separa el problema como una cosa independiente que tiene convivencia con el cliente pero que no es la persona en sí; es decir, la persona a veces tiene miedo es diferente a catalogar a la persona como miedosa.

Michel Foucault mencionaba que los discursos sociales deshumanizan a grupos marginados, y consideraba que además de construir narrativas dominantes en la sociedad, tienen el poder de subyugar y a convertirse en verdades internalizadas por las personas. Esto ocasiona que las personas juzguen sus cuerpos, logros y personalidades basados en estándares impuestos por la sociedad (Nichols y Schwartz, 2006). Lo que busca la terapia narrativa es deconstruir las narrativas dominantes para buscar relatos alternativos que den otra perspectiva y así formar nuevas historias (Freedman y Combs, 1996).

El objetivo de la terapia narrativa es ayudar a la persona a separarse de las historias saturadas de problemas deconstruyendo las historias que asumimos como verdades culturalmente impuestas para abrir espacio a nuevos puntos de vista más constructivos (Nichols y Schwartz, 2006).

Las cinco fases de la terapia narrativa son: definir el problema, identificar la influencia del problema, evaluar y justificar los efectos del problema, identificar los eventos extraordinarios; y reescribir la historia (Butler, Guterman y Rudes, 2009). Los eventos extraordinarios son momentos en los que la persona se resistió al problema o bien se comportó de una forma contradictoria a la historia del problema que narró. Los **eventos extraordinarios** pueden darse en el pasado, en el presente (durante la sesión) o en el futuro al tener un plan de cómo ver las cosas distintas o dentro de una nueva historia (White, 2007).

Para deconstruir la historia es importante hacer **preguntas de deconstrucción** que consisten en separar, desmenuzar y obtener detalles de la historia; de esta manera se detecta el discurso cultural de la persona y se cuestiona la historia dominante. Otro tipo de preguntas utilizadas en terapia son las **preguntas de apertura de espacio** que tienden a ser hipotéticas para así detectar **eventos extraordinarios** (parecidos a las excepciones en la terapia centrada en soluciones). Las **preguntas de preferencia** nos ayudan a ver si el rumbo que está tomando la historia es el que la persona quiere; las **preguntas de desarrollo de la historia** nos ayudan a ir desarrollando la historia alternativa; y finalmente las **preguntas de significado** son las que nos ayudan a interpretar las narraciones del cliente hablando del significado del significado, es decir el metasignificado (Freedman y combs, 1996).

El terapeuta puede sugerir hablar con personas alrededor que pudieran ayudar a darle más valor a la nueva historia, incluso personas del pasado o grupos de personas que hubieran pasado por un problema similar. Al final de la sesión es importante resumir la historia narrada resaltando los eventos extraordinarios que hubieran surgido en el proceso. David Epston introdujo el uso de cartas entre sesiones para reforzar las nuevas historias, ya que consideraba que una carta podía quedar como evidencia y simbólicamente se plasmaba la nueva historia más allá que quedarse en palabras (Nichols y Schwartz, 2006).

Lewis Carroll menciona una frase en la novela de *Alicia en el país de las maravillas* que dice: *"Un autor no entiende necesariamente el significado de su propia historia mejor que los demás"*. Menciono esta frase porque considero que muchas veces las personas basamos nuestra historia en lo que creemos que somos a partir de lo que otros piensan de nosotros o lo que nuestro entorno nos plantea como ideales, no obstante son las narraciones que elegimos las que van a dominar nuestra percepción del mundo, y en terapia al buscar otras opciones de narrativas tomamos las riendas de nuestra historia para reescribirla de forma que nuestro papel sea uno con el que estemos más cómodos y seamos protagonistas de nuestra historia, ya que contrario a la frase con la que inicié este párrafo nadie conoce nuestra propia versión de nuestra historia mejor que nosotros mismos.

Conclusión

El pensamiento sistémico se refiere a una cultura de pensamiento basada en la subjetividad de las interpretaciones de la vida y el conocimiento humanos (Ludewig, 2010). Como pudimos ver en la lectura, un terapeuta sistémico puede basarse en un modelo o adoptar distintas técnicas; no obstante, siempre se va a enfocar en las interacciones de la persona con su entorno, las interpretaciones de su realidad y las narraciones de sus experiencias.

Personalmente me considero una terapeuta sistémica posmoderna, y como tal considero que somos seres sociales, que pertenecemos a sistemas, que tendemos a caer en círculos viciosos, que adoptamos patrones de comportamiento que rigen nuestra conducta y a la vez nuestra relación con los demás, que somos afectados por nuestro contexto cultural y social, y que por medio de la comunicación y el lenguaje vamos formando nuestra realidad, misma que puede ser vista desde muchas perspectivas. También creo en que una pequeña diferencia puede hacer un cambio significativo, y mi visión dejó de ser lineal para ser circular y así considerar diversas perspectivas o puntos de vista sobre una situación. En mi opinión el movimiento posmoderno en terapia nace en parte de la terapia sistémica, aunque lo sistémico y lo posmoderno provengan de paradigmas distintos, por ende, como mencioné anteriormente, en la actualidad podemos encontrarnos con terapeutas sistémicos que no compartan el paradigma posmoderno o terapeutas posmodernos que no se consideren sistémicos.

Este capítulo no es más que un breve resumen que invita a todos los lectores a seguir investigando acerca de esta postura y de cada modelo de manera independiente con ejemplos que puedan representarlo de una forma más completa. Estos modelos tienen evidencia en publicaciones científicas sobre casos específicos que engloban trabajo con niños, duelo, trastornos de alimentación, problemas de pareja, problemáticas individuales y familiares, sólo por mencionar algunos ejemplos.

BIBLIOGRAFÍA

1. Anderson, H. (1997). *Conversación, lenguaje y posibilidades. Un enfoque posmoderno a la terapia.* Amorrortu Editores, Buenos Aires, Argentina.

2. Anderson, S. A., y Sabatelli, R. M. (2011). *Family interaction: A multigenerational developmental perspective* (5th edition). Boston: Pearson.

3. Andersen, T. (1987) *The reflecting team: dialogue and meta dialogue in clinical work.* Family Process.

4. Anderson, H., Gehart, D. (Eds.) *Collaborative Therapy.* Taylor y Francis.

5. Butler, S., Guterman, J. y Rudes, J. (2009) *Using Puppets with Children in Narrative Therapy to Externalize the Problem.* Journal of Mental Health Counseling: (31), 3

6. de Shazer, S. (2004). *Claves.* Barcelona: Gedisa.

7. Fisch, R., Weakland, H., y Segal, L. (1994). *Táctica del cambio.* Barcelona: Herder

8. Freedman, J. y Combs, G. (1996). *Narrative Therapy.* Norton

9. Gelcer, E. (1990). Milan family therapy:variant and invariant methods. NJ: Aronson

10. Gergen, K. (1991). *The Saturated Self.* Nueva York: Basic Books

11. Goldenberg, I. (1995). *Family therapy.* Ca:Brooks/Cole

12. Goldenberg, I., y Goldenberg, H. (2004). *Family therapy: An overview* (6ta edición). California: Thomson Brooks/Cole.

13. Haley, T. (2002). *The fit between reflecting teams and social constructionist approach.* Journal of Systemic Therapies, 21, (1)

14. Heylighen, F., y Joslyn, C. (2001). Cybernetics and second-order cybernetics. In R. A. Meyers (Ed.), *Encyclopedia of physical science and technology* (3ra edición) New York: Academic Press.

15. Ludewig, K. (2010). *Bases teóricas de la terapia sistémica.* México, D.F.:Herder

16. Maturana, H. (1995). *Desde la biología hacia la psicología.* Santiago, Chile, Universitaria.

17. Maturana, H. y Varela, F. (1984) *El árbol del conocimiento.* Santiago, Chile, Universitaria.

18. McNamee, S. (2004). *Relational bridges between constructionism and constructivism.* Retrieved from http://www.taosinstitute.net/Websites/

taos/Images/ResourcesManuscripts/McNamee%20Relational_Bridges_ Between_Constructionism_and_Constructivism.pdf

19. Minuchin, S. y Fishman, H.C. (1981). *Family therapy techniques*. Cambridge, Massachusetts: Harvard University Press

20. Nichols, M. P. y Schwartz, R.C. (2006). *Family therapy: Concepts and methods* (10ma edición). Boston: Pearson.

21. O'Hanlon, W. H. y Weiner-Davis, M. (2011). *En busca de soluciones*. México: Paidós.

22. Payne, M. (2006). *Narrative Therapy, an introduction for counsellors*. Sage Publications.

23. Tomm, K. (1984) *journal of marital and family therapy 10* 253-271 University of Calgary

24. Watzlawick, P., Bavelas, J. y Jackson, D. (2002) *Teoría de la comunicación humana*. Herder Editorial, S.L. Barcelona, 2002

25. White, M. (2007). *Maps of narrative practice*. Norton

26. White, M. y Epston, D. (1993). *Medios narrativos para fines terapéuticos*. Paidós

Una teoría realmente nueva y radical no consiste jamás en agregarle algo o incrementar el conocimiento existente. Supone un cambio en las reglas básicas, exige una revisión completa o formulación de los supuestos fundamentales de la teoría anterior e implica una reevaluación de los hechos y observaciones existentes.

Stanislav Grof, 1985.

Antecedentes

La línea del tiempo que establece el calendario gregoriano, ha demostrado a lo largo de su transcurso que los paradigmas de la psicología emergen y evolucionan como una necesidad en relación con el contexto sociocultural de la humanidad.

En la época de la psicología moderna (desde el Siglo XX a la fecha), han florecido cuatro fuerzas de la psicología. Cada fuerza consiste en un movimiento o conjunto diverso de psicólogos, médicos y filósofos que comparten algunos puntos de vista, enfoques y/o corrientes como una categorización general de varias orientaciones e intereses (Brennan, 1999).

La Primera fuerza, surge dentro de un contexto en el que la sociedad se encontraba en un momento previo a una guerra mundial que cambiaría el rumbo de la humanidad. En aquel tiempo, el prestigio de los grupos sociales se determinaba con base en la reputación intelectual de sus miembros —principalmente del género masculino— y de su poder adquisitivo. La represión y los prejuicios representaban una parte de la vida cotidiana. El principal grupo de estudio de una nueva psicología buscaba cumplir con el método científico riguroso con el fin de ser considerado dentro de la élite de la ciencia. Era entonces necesario crear una fuerza de la psicología con fundamentos clínicos de una noción *a posteriori* que fuera respetada y considerada parte de la comunidad científica con una visión objetiva y adaptada a los estrictos lineamientos de la ciencia. Surge entonces el *Psicoanálisis*[1] (alrededor de 1896) como *Primera fuerza*. Por primera vez se expande el concepto del *inconsciente*, que para el psicoanálisis representa un mecanismo que contiene una serie de impulsos reprimidos que no afloran en la *conciencia*, siendo este última la facultad que permite al hombre tomar conocimiento del mundo exterior. Los métodos de intervención de la *Primera fuerza* se enfocan en un proceso fundamentalmente racional y autoanalítico de la psique humana.

Durante la planeación de la guerra, la diversidad ideológica dentro de una misma cultura generó caos y conflictos tanto políticos como sociales. Los científicos se dieron cuenta de que más allá de la comprensión de la psique humana, la psicología podría cumplir con otras necesidades en favor de la sociedad de aquel tiempo. Era necesario entonces comprender el comportamiento humano. A través de contundentes estudios clínicos y experimentos que también se desarrollaron con estricto apego al método científico, resurge la psicología experimental que se había desarrollado durante el siglo XIX, esta vez con un objetivo particularmente enfocado en la conducta humana, por lo que se le denomina *Conductismo* (alrededor de 1913), el cual habría de representar la *Segunda fuerza* de la psicología. Los refuerzos positivos y negativos como método de intervención del Conductismo daban resultados incuestionables sobre el comportamiento social de las personas sin considerar los conflictos internos que esa práctica pudiera generar para el individuo. La psicología entonces tomó un papel importantísimo al ser fuertemente apoyada para cubrir las expectativas sociopolíticas del comportamiento humano.

La primera y segunda fuerzas se desarrollan dentro de un ambiente evidentemente represivo en el continente europeo. Pasada la Segunda Guerra Mundial, era de esperarse que surgieran preguntas con respecto a la búsqueda de

---

[1]   Existen autores que consideran que la Psicología experimental (hoy denominada *Conductismo*) representa la *Primera fuerza* con el afán de dar reconocimiento a los planteamientos empíricos de la Psicología estructural de Wilhelm Wundt previos al Psicoanálisis. Wundt realizó la labor de promover la psicología como una ciencia independiente de la filosofía y de la biología en el siglo XIX. Los autores que consideran el Psicoanálisis como *Primera fuerza* de la psicología, lo hacen considerando dentro de este categorización únicamente las psicologías modernas, que datan a partir del Siglo XX.

sentido del hombre, del papel del ser humano como individuo y como parte de una sociedad. Emergen preguntas que desde la época de la Filosofía Occidental en la Antigua Grecia no se planteaban. Era imposible mirar la historia de la humanidad en retrospectiva y no cuestionarse el rumbo de la raza humana. La deshumanización que recientemente había emergido a través de la guerra mundial había dejado secuelas emocionales que en ese momento se convirtieron en el objetivo de la *Tercera fuerza* de la psicología, el *Humanismo* (entre los años 1950 y 1960); una corriente promovida por piscólogos de Europa y América que surge después de la injusticia, la desvalorización, la discriminación y el racismo. El humanismo desemboca en varias ramas filosóficas y clínicas tomando como base fundamental el estado emocional y existencial del individuo ante la sociedad, ante el otro y ante sí mismo. Varios enfoques, disciplinas terapéuticas y formas de psicoterapia trascendentales para la continua evolución de la psicología se desprenden de esta fuerza. Entre ellos destacan la logoterapia, la tanatología, el existencialismo, la psicoterapia centrada en el cliente, el movimiento *Gestalt*, y la terapia sistémica entre otros. La *Tercera fuerza* de la psicología da un giro tan radical hacia lo filosófico que hoy en día el psicoanálisis cuestiona sus fundamentos esperando recibir como respuesta elementos que se apeguen al método científico o por lo menos un estricto diagnóstico clínico. No obstante, el humanismo deja ver que la intangibilidad, la subjetividad y la inmesurabilidad son inherentes a la psique humana. Por lo tanto, es en su mayoría una corriente teóricofilosófica que ofrece también métodos de intervención prácticos y aplicables, pero no busca cumplir con un estudio clínico comprobable ajustado a la ciencia tradicional bajo el entendimiento de que la psique humana es totalmente subjetiva, individual y emocional, con el objeto de dar respuesta a las dudas existenciales, temores y carencias que los seres humanos en algún momento de la existencia nos vemos en la necesidad de enfrentar.

El auge emocional del humanismo dio pie a una generación de seres humanos motivados por la victimización, la liberación emocional, la violencia y la depresión. Los hijos de esta generación resintieron la catarsis emocional de los padres y durante la década de los años 1960, la humanidad no tenía rumbo. En los hogares se vivía un ambiente ambivalente e incongruente donde se permitía cierta expresión emocional pero también había reglas estrictas que se debían cumplir. Mientras que había algunos hogares liberales, existían otros conservadores. Las guerras, las injusticias y la discriminación persistían, pero los entornos familiar y político en el Occidente hacían un gran esfuerzo por mantener la calma y crear una falsa tranquilidad en la que los jóvenes no estaban dispuestos a creer. Esta dicotomía los motivó a desafiar el entorno y experimentar nuevas sensaciones y formas de expresión ya sea para comprender o para evadir la ambivalencia mundial que se reflejaba en cada familia. Permanecían las mismas dudas existenciales en la humanidad y la Filosofía Occidental permitía comprender ciertos factores, pero no daba la respuesta fehaciente que permitiera que los jóvenes la integraran en su experiencia a pesar de reconocer sus emociones. Es por esto que surge un movimiento social a nivel mundial en el que la humanidad en varios ámbitos buscaría cambiar, expresarse, trascender y experimentarse. Algunos grupos en búsqueda de respuestas a su profunda necesidad de transformarse recurren al estudio de culturas ancestrales, filosofías orientales, experiencias psicodélicas, nuevos esquemas sociales en comunidad, entre otros; todo esto con el afán de comprender más allá de cuestionamientos las sensaciones que experimentaban y, sobre todo, para vivir en un estado de paz y amor que difuminara los conflictos propios, sociales y mundiales. A partir de esas nuevas formas y filosofías de vida, era su sentir que el amor por la naturaleza junto con un libre pensamiento y expresión reemplazarían el imperialismo y la guerra. Otros grupos experimentarían y explorarían nuevas formas de artes expresivas como la danza libre, la música y el arte gráfico, mientras que científicos y filósofos comenzarían a cuestionar y, en algunos casos, retomar su pasado y su historia. Es en ese momento cuando surge la *Cuarta fuerza* de la psicología, la *Transpersonal.* Cabe mencionar que quien determinó que esta corriente representaría la *Cuarta fuerza* de la psicología, es un psicólogo con una influencia principal para el humanismo, Abraham Maslow.

La Transpersonal tiene como principal objeto de estudio los estados ampliados de consciencia, la espiritualidad y la trascendencia humana a través de la propia experiencia. Los principales iniciadores de la *Cuarta fuerza* son el psiquiatra y psicoanalista Stanislav Grof (Praga, 1931) y, como ya se mencionó, el humanista Abraham Maslow (Nueva York, 1908–1970).

No obstante, en el año 2009 fue publicada una obra póstuma de Carl Gustav

Jung nombrada por él mismo *Liber Novus*[2] la cual contiene escritos e imágenes, así como la descripción de una serie de experiencias de sí mismo que coinciden visible y narrativamente con los resultados de estados ampliados de consciencia logrados a través de la técnica de Respiración Holotrópica desarrollada por Christina y Stanislav Grof en 1968. *El Libro Rojo* fue escrito entre 1913 y 1930. A partir de las propias experiencias en él plasmadas como resultado de la práctica de la técnica de *imaginación activa*[3] autoaplicada, Jung desarrolla sus aportaciones a la psicología moderna incluyendo los conceptos de *arquetipo*, *inconsciente colectivo*, *animus y ánima*, entre otros. Derivado de lo anterior, Jung es hoy un autor de suma importancia para el estudio y la práctica de la *Cuarta fuerza de la psicología*.

Es importante mencionar que las técnicas de *Imaginación activa* y *Respiración Holotrópica* no consisten en la injerencia de ninguna sustancia psicotrópica, psicodélica o natural que como agente externo al cuerpo pueda alterar la consciencia humana. Según Jung, la *Imaginación activa* es utilizada espontáneamente por la propia naturaleza y también puede ser inducida intencionalmente. Incluso puede enseñarla el psicólogo al paciente. Por otro lado, la *Respiración Holotrópica* como su nombre lo dice, es una práctica estructurada que consiste en acompañar la respiración con sonidos evocativos.

Stanislav y Christina Grof publicaron la técnica de *Respiración Holotrópica* en 1968 a partir de la previa investigación y experimentación clínica de él durante 12 años con respecto de los estados ampliados de consciencia tras haber vivido una profunda experiencia con LSD como parte de un experimento dentro de su

---

[2] El año de 1913 fue trascendental en la vida de Jung, pues comenzó con un experimento autoaplicado conocido como "confrontación con el inconsciente" el cual duró hasta 1930. Durante este experimento, Jung desarrolló una técnica para "llegar al fondo de sus procesos internos," "para traducir las emociones en imágenes" y "para captar las fantasías que yacían ocultas". Más tarde, Jung denominó este método "Imaginación activa". Primero registró estas fantasías en sus *Libros Negros*. Posteriormente revisó dichos escritos, añadió reflexiones sobre ellos, y los copió en un escrito caligráfico dentro de un libro titulado *Liber Novus* forrado en piel roja, acompañado de sus propios dibujos. Dicho escrito siempre ha sido conocido como el *Libro Rojo*. A finales de 1957 Jung declaró que los *Libros Negros* y el *Libro Rojo* eran registros autobiográficos que no deseaba publicar como parte de su colección de obras porque no eran de carácter escolar. Sin embargo, en el año 2000, el *Comité Ejecutivo de la Sociedad de Herederos* de Jung decidió liberar la publicación del *Libro Rojo* (Shamdasani, 2009).

[3] La técnica de Imaginación *activa desarrollada* por Jung se describe en su ensayo llamado "The Transcendent Function" el cual, a pesar de haber sido escrito desde 1916, fue publicado hasta 1958.

ejercicio de investigación psiquiátrica en el Departamento de Psiquiatría de la Escuela de Medicina en Praga[4]. Mientras tanto, Maslow[5] cuestionaba su propia teoría acerca de la *autorrealización* llegando a la conclusión que más allá de la satisfacción de llenar únicamente necesidades personales, existe la capacidad inherentemente humana de desear los valores universales de justicia y verdad, a lo que llamó *autotrascendencia*. Denominó a esta nueva postura adoptando el término que Huxley ya había expuesto, transhumanismo. Una vez reunido con Grof, ambos llegaron a la conclusión que llamarle *Transpersonal* (nombre —primeramente utilizado por William James— que ya le había dado Grof al enfoque de sus investigaciones), era un término más preciso ya que los estudios de este último representaban un cambio radical de paradigma y un desafío para la ciencia Newtoniana-Cartesiana. No existían precedentes y al nombrarle transhumanismo, se podría percibir como una rama más del humanismo.

Las cuatro fuerzas se desarrollaron y han evolucionado cada una en su particularidad en un período de 120 años. Lo que deja ver que la psicología cambia

---

[4] Extracto de entrevista a Stanislav Grof por Iker Puente en 2009. Grof narra su primer acercamiento con un estado expandido de consciencia, la cual representa el motivo por el que decide dedicarse a la investigación de los estados ampliados de consciencia: "En aquella época de la psiquiatría (1956) la psicofarmacología había comenzado a dar sus primeros pasos y a obtener sus primeros triunfos, con la aparición de los primeros tranquilizantes. Un día recibimos de la compañía farmacéutica suiza Sandoz una gran caja llena de ampolletas y con una carta describiendo la substancia, su química, farmacología e historia. Era LSD-25, un medicamento muy interesante que había sido descubierta por Albert Hoffman, quien se intoxicó de forma accidental durante su síntesis. La carta sugería que esta substancia, administrada en dosis minúsculas, medidas en millonésimas de gramo, podía inducir una "psicosis experimental", un estado similar al de las psicosis reales. Por lo tanto, la investigación clínica y de laboratorio del LSD podía ofrecer información y claves sobre el enigma de la psicosis, especialmente de la esquizofrenia. (...) sentí que la cosa más interesante que un psiquiatra podía hacer era estudiar los estados no ordinarios de consciencia.

[5] Extracto de entrevista a Stanislav Grof por Iker Puente en 2009. Grof narra cómo es que Maslow organiza un primer grupo de debate para revolucionar la Tercera fuerza de la psicología. "La Psicología humanista, fundada por Maslow y Anthony Sutich, emergió como una reacción a las limitaciones de las dos primeras fuerzas. El foco de interés de los humanistas eran los valores humanos más elevados y la tendencia humana a alcanzarlos, dirigiendo a la persona hacia lo que Maslow denominó "autoactualización" y "autorrealización". Esta escuela también aportó un marco amplio para el desarrollo de una nueva forma de psicoterapias, denominadas "psicoterapias experienciales", como la terapia Gestalt o la Bioenergética, pero al poco tiempo, se dieron cuenta de que aún faltaba algo más en la formulación de esta nueva psicología. Fue entonces cuando Maslow me invito a unirme con un pequeño grupo de debate en Palo Alto, en donde participé en una serie de reuniones con Maslow, Antony Sutich, Jim Fadiman, Victor Frankl y Miles Vich".

constantemente en relación con el contexto sociocultural de la humanidad; es inminente que más adelante haya nuevas fuerzas que surjan y resignifiquen las anteriores para que la psicología siga su curso. Por lo tanto, es ocioso permanecer con una postura rígida y de apego hacia un solo marco de referencia o a una sola corriente.

Si bien el objeto de estudio y el método de intervención de cada fuerza son distintos, es necesario comprender que ningún paradigma demerita, inhibe, debilita o niega la eficacia de ningún otro. Hoy las cuatro fuerzas coexisten y evolucionan con un mismo fin: el de comprender la psique humana. Cada una desde una perspectiva distinta y a través de métodos distintos. Cada una de ellas brilla por sí sola generando resultados dignos de ser reconocidos.

Fundamentos sobre los estados ampliados de consciencia

Los resultados de las observaciones sobre individuos en estados ampliados de consciencia durante un proceso terapéutico o bien, durante el proceso de alguna experiencia de estos estados, han demostrado que la psique humana puede experimentar la concepción del Universo como una trama infinita y unificada de interrelaciones como lo establece la visión científica moderna. La concepción de una naturaleza unitiva.

La psique es capaz de experimentar estados de consciencia que no sólo comprenden sus circunstancias físicas, mentales y emocionales. También es capaz de conectarse con una experiencia que le muestre su vida dentro de un universo en unidad, con una percepción del espacio y tiempo fuera de lo habitual y una sensación aumentada de lucidez (Puenta, 2006). Grof no se equivoca al advertir que el mundo de lo transpersonal es un desafío para la ciencia Cartesiana-Newtoniana (Grof, 2010), pues el estado ampliado de consciencia no puede explicarse a través de una plataforma fundamentalmente materialista. Esto es que los estados expandidos de consciencia no responden a los parámetros materiales ni temporales que la ciencia Newtoniana-Cartesiana requiere para hacerlos "válidos", lo que representa el primer obstáculo para la *Cuarta fuerza*. Fundamentalmente es incompatible con la cosmovisión formulada por la Ciencia Occidental y su visión materialista. Por ese motivo, en un tiempo fue señalada como una corriente poco profesional, irracional, acientífica o de la *Nueva era*. Dicho escepticismo junto con la necesidad de encontrar fundamentos lo suficientemente comprensibles, sostenibles y robustos para explicar lo intangible pero perceptible, orillaron a la comunidad científica transpersonal a adentrarse en la investigación profunda de antecedentes en la historia de la humanidad donde los estados ampliados de consciencia fueran considerados como una práctica natural y cotidiana. Debían estudiar sus efectos, sus prácticas y la filosofía que los sustentaba. Fue así como el grupo de investigación de la psicología transpersonal se encontró con que las culturas preindustriales llevaban a cabo prácticas y filosofías en las que los estados ampliados de consciencia eran la base de su organización social. Encontraron que en estas culturas antiguas, existían prácticas chamánicas, ritos de paso y misterios sobre la muerte; encontraron también formas de práctica espiritual como el yoga, budismo, taoísmo, sufismo, entre otras que también buscan generar un estado de expansión de consciencia. Tales hallazgos representaban un marco de investigación que representaría los antecedentes y la plataforma práctica para generar estados ampliados de consciencia sin la necesidad de ingerir una sola sustancia química o natural, ajena al cuerpo. Algo sumamente desafiante surgió entonces como necesidad. Por un lado, era imprescindible documentar, crear y plantear prácticas aplicables para generar estos estados e incluirlos dentro de la propuesta de la *Cuarta fuerza* y, por otro lado, era obligatorio crear un puente entre estas prácticas y la ciencia.

En el año de 1975, el físico Fritjof Capra publicó el libro *El tao de la física* a través del cual deja ver un vínculo claro y contundente entre los estados místicos de las filosofías y prácticas orientales y la ciencia moderna. En ese mismo año, comenzaron a publicarse paralelamente otros escritos por científicos que revolucionaban la visión materialista de la ciencia. Dichas publicaciones permitieron que la comunidad de investigación transpersonal diera un giro y pudiera —con el fin de crear un marco de referencia científico— conectar la psicología transpersonal con el nuevo paradigma científico que comenzó a emerger. Esto provocó que finalmente se encontrara el vínculo donde convergen ambas visiones: la mística y la científica.

Como resultado de la búsqueda de antecedentes y prácticas previas que tuvieran experiencia con los estados ampliados de consciencia, se observó que existen significativas diferencias entre las civilizaciones industriales y las culturas preindustriales que podrían generar la pauta de cambio para la consciencia humana.

Las primeras, tienen un enfoque meramente material, su sistema educativo se basa en las competencias humanas, la tecnología, los procesos industriales, los libros, la inteligencia y la razón. Su cosmovisión está fundamentada en las religiones que responden a un único Dios temible y expectante de una conducta humana acertada. Por otro lado, las culturas preindustriales están organizadas con base en la práctica espiritual de sus miembros. Su cosmovisión está enfocada en la sacralidad de todo lo que provee la naturaleza y la transformación interior que bajo ninguna circunstancia está limitada a lo individual. Sin embargo, debe comenzar con lo individual y obtener la inspiración desde lo individual en conexión con la naturaleza y en la comprensión de lo que la naturaleza provee evidentemente. Desde estas filosofías, no existe el concepto del error, pues hay fuerzas superiores que permiten que lo necesario para vivir en conexión con la espiritualidad ocurra y todo es como debe ser. De este modo, lo que para la civilización industrial podría ser un infortunio, una desgracia, una injusticia o algo indeseable, para las culturas preindustriales dichas circunstancias son necesarias para recuperar la conexión con una unidad de consciencia que mantiene el equilibrio de todo ser sintiente y viviente. Para estas culturas, la constante práctica con fines de expansión de consciencia conecta con la naturaleza, con el cosmos y con una experiencia interior de unidad, lo que es necesario para sobrevivir en especie y coexistir en un continuo proceso interior de trascendencia. Por lo tanto, los estados ampliados representan un pilar sumamente importante para mantener la existencia y la sana convivencia dentro de la comunidad y en el planeta.

En palabras de John Perkins (1990), las culturas preindustriales consideran al humano un protector de la naturaleza mientras que las culturas orientadas tecnológicamente, tienden a considerarlo un conquistador de la naturaleza. Las culturas preindustriales no perciben el mundo en términos de éxito o fracaso, pues el fracaso o éxito es un estado de la mente. Es simplemente una percepción.

Por otro lado, las ciencias modernas como la epigenética, la física moderna, la filosofía perenne, la filosofía de la ciencia, la antropología y la astrología arquetípica entre otras, conforman el racional que permite a la *Cuarta fuerza* comprender cómo es que se experimentan esos estados expandidos mientras que las prácticas ancestrales dan la pauta para vivir la experiencia misma.

Es común que las ciencias de la salud se refieran hacia cualquier estado que sea distinto al de vigilia como un *estado alterado de consciencia*. Sin embargo, dentro del enfoque transpersonal, existe una importante diferenciación entre un estado *alterado* y una estado *expandido* o *ampliado*.

Un estado *alterado* consiste en una condición de la consciencia generada a causa de un episodio psicótico, de un accidente o como resultado del consumo de cualquier sustancia psicoactiva. Para que se experimente un estado alterado de la consciencia, debe existir un agente externo, o bien, una patología que actúe sobre el sistema nervioso cambiando su esencia, perturbando o estropeando su bienestar emocional.

Un estado *ampliado* o *expandido* de consciencia consiste en un estado híperconsciente que acrecienta la percepción del individuo con respecto de sí mismo, su historia ya sea prenatal o biográfica y/o su relación con el Universo y con la humanidad. Las experiencias de estados ampliados o expandidos, tienen el potencial de ayudar a la persona a descubrir su verdadera identidad sin interferencias intelectuales o basadas en el propio sistema de creencias. Dichos estados crean una experiencia que trasciende en el individuo y le permiten contactar con su realidad interior sin que existan sustancias o agentes externos como disparadores del estado mismo. Se pueden inducir a través de técnicas que requieren de elementos naturalmente corporales o bien, pueden emerger como resultado de experiencias místicas, cercanas a la muerte, extracorpóreas, entre otras.

Ambos tipos, los *alterados* y los *ampliados* o *expandidos* son considerados Estados No Ordinarios de Consciencia (ENOCs).

La única forma de comprobar y describir un estado ampliado o expandido de consciencia se limita a la experiencia propia, pues cada experiencia varía dependiendo la privación de las metanecesidades[6] del individuo. Sin embargo, la experiencia transpersonal, según muestran las investigaciones de Grof, genera una conexión con una mente universal o consciencia cósmica que nos puede llevar hacia el terreno del inconsciente colectivo que Jung denominó *arquetípico*.

---

[6] El término *metanecesidades* es planteado por Maslow, "...representan valores intrínsecos al ser humano relacionados con un instinto de conexión con la naturaleza cuyo fin es evitar la enfermedad y lograr el estado máximo de la humanidad o del crecimiento humano. Los "padecimientos" que resultan de la privación de los valores intrínsecos o metanecesidades son denominados metapatologías. Los valores más "elevados"; la vida espiritual y las más altas aspiraciones de la experiencia humana, por lo tanto, son objetivos apropiados para la investigación y el estudio científico. Dichos valores se encuentran en el mundo de la naturaleza". (Maslow, 1971).

El proceso del desarrollo transpersonal

El proceso no es excluyente de otros estados de la consciencia. Si bien la experiencia transpersonal representa un atajo hacia la comprensión de la unidad de consciencia, este no representa la comprensión por sí sola y no es suficiente para generar un cambio de consciencia permanente. El desarrollo consiste en la coexistencia de la comprensión y el trabajo interior constante para poder obtener una verdadera integración y generar un cambio de consciencia real. Es decir, la experiencia pura representa únicamente el hecho que da pie a la credibilidad y a la memoria de un estado de consciencia ampliado. Permite que el individuo se experimente a sí mismo desde otro estado o perspectiva. Sin embargo, es necesario comprender (en su mayoría evolutivamente) lo experimentado. De otro modo, sólo permanecería en la experiencia eufórica de un ENOC. Por lo tanto, el proceso de desarrollo transpersonal no sólo se basa en experimentar estados expandidos de consciencia sino también en la comprensión, el mantenimiento y el trabajo interior constante con el fin de integrar la información emergente en todos los niveles y generar un cambio evolutivo en el nivel de consciencia.

Al mencionar que la comprensión es en su mayoría de forma evolutiva, no se descarta el hecho de que sí existen experiencias transformadoras de la consciencia que generan un cambio radical en la cosmovisión y en la consciencia del individuo. Sin embargo, estas experiencias no pueden ser sugeridas, ocasionadas o premeditadas y ocurren en casos fuera de lo ordinario. Dichas experiencias son denominadas "emergencias espirituales" y se pueden observar en circunstancias específicas como consecuencia de alguna crisis, como experiencias chamánicas o experiencias cercanas a la muerte, entre otras.

El ambiente psicoterapéutico desde este enfoque se basa en la visión de las ciencias modernas donde las posibilidades son infinitas y el espacio experiencial no es predecible. A través de las intervenciones dentro de un marco de referencia transpersonal, el individuo trabaja el motivo de consulta o su crisis desde una visión macrocósmica[7] o amplificada. Esto quita poder a los tintes dramáticos que el consultante pueda adjudicar a su situación, mismos que limitan su visión

---

[7] Una perspectiva que asemeja una visión desde el universo considerado como una totalidad organizada y armónica.

y engrandecen el conflicto. Asimismo, permite que el *Sanador Interno*[8] se manifieste otorgándole al individuo las herramientas adecuadas para resolver su conflicto sin correr el riesgo de una posible interpretación errónea.

A pesar de que desde este enfoque psicológico el espíritu consiste en la capacidad inherente que tiene el ser humano de conectarse con estados ampliados de consciencia hacia la unidad, es el Sanador Interno el factor que lidera el rumbo de la psicoterapia debido a que este conoce el nivel de consciencia, la biografía, la información prenatal y perinatal así como las memorias inconscientes y, derivado de que se cree que reside en un espacio colectivo, intangible y atemporal, también posee claridad con respecto al inconsciente colectivo y arquetípico. Por lo tanto, sólo él tiene la capacidad de saber lo que el individuo requerirá para sanar, así como la capacidad de saber lo que es momento de sanar. Si se otorga el poder a la interpretación o sugestión al terapeuta o al consultante, el motivo de consulta podría ser manipulado, obstruyendo el desarrollo evolutivo de la consciencia del individuo.

En algunas ocasiones el Sanador Interno lleva al individuo a experimentar directamente una consciencia de unidad a través del acceso a la red de consciencia unificada porque es eso lo que la persona requiere para continuar con su proceso evolutivo de consciencia. En otras ocasiones, el Sanador Interno proyecta circunstancias biográficas, biológicas, prenatales o perinatales como necesidades inmediatas a resolver. Lo que surge en el espacio terapéutico es totalmente impredecible, así como ininterpretable y es justo lo que emerge aquello que da sentido y dirección a la terapia por lo que el papel del terapeuta queda prácticamente invalidado en el momento en el que se otorga el poder al Sanador Interno del otro.

Cuando el Sanador Interno expone circunstancias biográficas como situaciones familiares o de identidad, biológicas, prenatales o perinatales, es entonces momento de trabajar sobre esa línea. Los métodos de intervención se deben aplicar con el cuidado y la consciencia de no interferir en el proceso evolutivo del otro.

Pueden surgir situaciones en las que sea recomendable que, derivado del problema mostrado en el discurso del consultante, se recurra a métodos de

---

8   El concepto de *Sanador Interno* consiste en el conocimiento interior que todo individuo posee y que transmite la información a revelar al individuo. Algunos autores le llaman Piloto Interno o Sabiduría Interior refiriéndose al mismo concepto.

intervención acordados que trabajen en un nivel específico, ya sea biográfico, biológico, prenatal, perinatal o transpersonal. Sin embargo, durante la intervención, se permite al Sanador Interno dirigir el proceso y en esa emergencia, la intención de la intervención puede cambiar repentinamente.

Derivado de que esta terapia es desafiante para algunas personalidades en el sentido de que puede incurrir y fortalecer el escepticismo y la desconfianza en el proceso terapéutico, en algunas ocasiones es necesario comenzar la terapia con el apoyo de otras herramientas psicológicas, principalmente humanistas y existenciales. De otro modo, se puede generar una resistencia a la experiencia y como consecuencia, puede resultar sumamente dañada la posibilidad de la emergencia espiritual del consultante en futuras ocasiones.

Algunas personas se pueden llegar a sentir temerosas de experimentar algo de naturaleza desconocida y recurren a una extrema racionalización. Si se interviene insistentemente con una técnica transpersonal en estos casos, se anula la posibilidad del éxito terapéutico. Si una intervención transpersonal es llevada a cabo como consecuencia de la necesidad neurótica del terapeuta, puede resultar contraproducente para todos los involucrados.

Como ya se ha dicho, en el proceso del desarrollo transpersonal se busca disminuir los tintes dramáticos, subjetivos y emocionales basados en el juicio personal que el consultante generalmente otorga al motivo de consulta a través de métodos de intervención que le permitan observarse a sí mismo y experimentar su conflicto desde una visión no sólo objetiva, sino también más amplia. Esta visión más amplia le podría mostrar el origen y el fin del conflicto u otras circunstancias que no habían sido consideradas por el consultante y que son necesarias para resolver el caso. Esta práctica otorga poder al individuo y no al terapeuta y a su vez, permite que el Sanador Interno surja y se cree una relación individuo-Sanador Interno que dé la pauta para resolver sus propios conflictos a través de sus propias herramientas sin necesidad de depender de un terapeuta.

El proceso del desarrollo transpersonal busca facilitar al consultante posibilidades alternas y experiencias extraordinarias con el fin de generar un cambio de consciencia evolutivo, así como otorgar herramientas de autointegración que le permiten acudir al Sanador Interno por sí solo. No se trata de observar en el paciente lo que "es" o lo que "presenta", sino lo que tiene capacidad de ser y aportar al mundo en un contexto de consciencia de unidad.

Alcance de la psique humana

Al nacer, los seres humanos albergamos una cantidad de información lo suficientemente considerable como para extender el estudio de la psique humana hasta el momento de la concepción. La psicología transpersonal amplía su campo de estudio hacia la inclusión adicional de factores influyentes sobre la personalidad considerando aspectos incluso preexistentes a la concepción. Esto no significa que no se consideran los aspectos biográficos del individuo. Es más asertivo decir que en esta corriente, se observa a la persona desde una perspectiva ontológica, la cual busca considerar todas las propiedades trascendentales del ser. Los aspectos posnatales son considerados parte de la historia y representan la proyección o el "holograma" de una vida prenatal. La psicología transpersonal es integral e inclusiva.

La información adquirida desde el momento de la concepción hasta el nacimiento es considerable y determinante para comprender la percepción del individuo. Dicha información deriva de cuatro aspectos: el inconsciente colectivo, aspectos biológicos, gestacionales y perinatales.

1. <u>Inconsciente colectivo</u> (término Junguiano). Consiste en la información representada a través de arquetipos. Jung considera que el hombre nace con una predisposición sobre el pasado de la humanidad para comprender el mundo y actuar de cierta manera. La teoría del inconsciente colectivo de Jung establece que los arquetipos son disposiciones innatas psíquicas que nos sirven para experimentar y representar el comportamiento y las situaciones humanas básicas. Entre otros, los arquetipos que destaca Jung se encuentran: el héroe, el inocente, el amante, el rebelde, el huérfano, el explorador, el sabio y el bromista.

2. <u>Biológicos</u>. Toda aquella información correspondiente a la memoria celular considerando factores hereditarios y el proceso mismo del desarrollo biológico dentro del vientre materno. Como parte de la memoria celular, se consideran también aspectos del carácter y de la personalidad a consecuencia de factores hereditarios o sucesos previos al nacimiento. Por ejemplo, un ser humano producto de un padre alcohólico o bien,

concebido mientras alguno de los padres o ambos se encontraban en estado etílico, tendrá dentro de su memoria celular la experiencia alcohólica. A causa de esta primera impronta intrauterina y a pesar de no conocer a sus padres podría presentar tendencias durante su desarrollo posnatal hacia el alcoholismo. Asimismo, las experiencias del linaje familiar generan memorias celulares que influyen de una manera u otra en las células que se encargan del desarrollo gestacional de cada individuo.

3. <u>Experiencias gestacionales</u>. Derivado de que los sentidos, así como el sistema nervioso central se desarrollan dentro del vientre materno, el niño prenatal registra las experiencias incluso emocionales en su memoria. Dentro de este aspecto, se consideran las expectativas sociales y/o familiares durante el proceso de gestación, la simbiosis con la madre y las experiencias emocionales personales del niño. Durante la gestación se generan las primeras improntas celulares con respecto a la relación del individuo con el mundo exterior. Es decir, no se puede esperar la misma reacción hacia el mundo de un niño deseado que la reacción de un niño que experimentó un intento de aborto por parte de su madre. Como no se puede esperar la misma actitud de una persona cuyo padre golpeaba a su madre durante su proceso gestacional que de una persona cuyo padre fue amoroso y estuvo en comunicación con el vientre materno en el que habitó su hijo. De la misma manera, las expectativas familiares de género, profesión, personalidad, así como la razón de ser que los padres imputan al embarazo, influyen de manera importante en el desarrollo posnatal de individuo.

4. <u>Experiencias perinatales</u>. Durante el proceso del nacimiento y según la cartografía de la psique planteada por Stanislav Grof, la persona pasa por cuatro Matrices Perinatales Básicas (MPBs). Cada una de ellas, representa una etapa del proceso perinatal a nivel general. Sin embargo, la particularidad de la experiencia de cada individuo es determinante para la personalidad que se desarrollará durante la experiencia posnatal. La primera matriz perinatal se refiere a la experiencia de la unión original simbiótica del feto con el organismo materno durante la existencia intrauterina. A continuación, la

segunda matriz perinatal da la pauta experiencial relacionada con el propio inicio del parto biológico y con su primera etapa clínica. La tercera matriz perinatal consiste en el proceso de las contracciones uterinas durante el momento en el cual el útero ya se encuentra dilatado con el fin de permitir la propulsión del feto hacia el exterior. Por último, la cuarta matriz perinatal se refiere al nacimiento propiamente dicho. A la fecha existen autores que proponen una quinta matriz correspondiente a la liberación del feto y la primera experiencia con el mundo externo la cual representa el primer momento de separación de la madre.

Derivado de lo anterior, desde este enfoque, no se considera la historia del individuo completa de no involucrar y profundizar en la información adquirida durante la gestación. Cada uno de los aspectos puede, durante el proceso terapéutico, tener variantes impredecibles e incontables, de modo que son imposibles de clasificar. Cada individuo cuenta con una historia prenatal y perinatal lo suficientemente vasta y particular como para no encajar en una taxonomía que limite su alcance.

La consciencia de unidad y el modelo de desarrollo de la consciencia

Descamps (1998) escribe que el mundo, que no está formado por objetos materiales separados, es una estructura energética fluida, como nuestro cuerpo. Existe una unidad subyacente entre el hombre y el universo y hay una consciencia-energía que obra en el universo. Eso descansa sobre la consciencia que aún es objeto de estudio de esta corriente y las ciencias modernas. La consciencia es el elemento del espíritu que permite darse cuenta y prestar atención.

La consciencia de unidad o consciencia unificada consiste en un fenómeno cerebral evolutivo y representa el estado óptimo al que se puede llegar en un contexto transpersonal. Las características de una experiencia de este tipo, se relacionan en todo momento con aspectos cósmicos, planetarios, relacionados con la flora, la fauna, eventos trascendentales para la humanidad, épocas, personajes, lenguas, culturas, sonidos y sensaciones entre muchos otros elementos. Las variantes y las posibilidades de lo que puede generar la experiencia de unidad con el todo, son incontables. No existe un parámetro que tope o que clasifique las experiencias de consciencia de unidad toda vez que están sujetas a la percepción, la experiencia y el sistema de creencias del individuo. No obstante, toda experiencia de consciencia de unidad genera factores en común, una sensación de tranquilidad profunda, de amor y respeto por la vida, así como de expansión y conexión con los demás seres y con algo que supera lo descriptible a través de palabras.

Una vez que se experimenta la sensación de unión con el todo el individuo logra comprender no sólo su propia impermanencia sino también la vulnerabilidad de su existencia y su participación dentro de una red superior y de mayor importancia que su propia historia de vida. Debido a que la experiencia de unidad es atemporal, se pueden tener vivencias a través del tiempo y de distintos sucesos desmedidamente sin tener ninguna relación con el tiempo cartesiano transcurrido durante la experiencia.

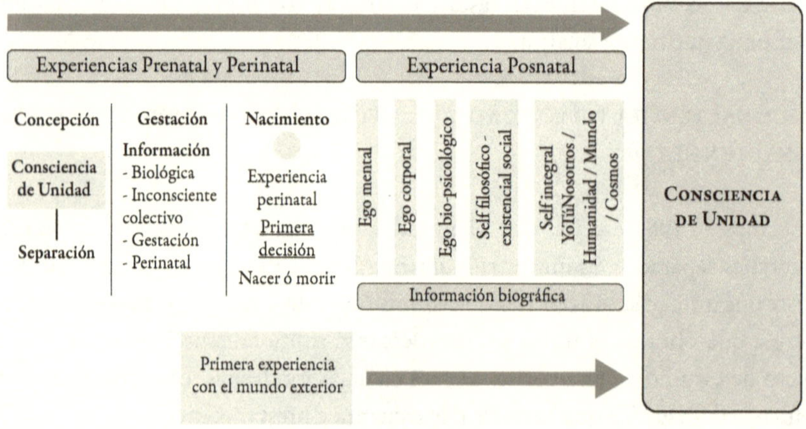

Fig. 1. Modelo de experiencias prenatales y perinatales hacia el modelo de la consciencia.

Testimonios de experiencias de estados expandidos de consciencia han puesto en evidencia la posibilidad de que el ser humano hasta el momento de la concepción experimenta una consciencia de unidad con el todo. Por lo que la consciencia de unidad se considera el estado original del ser (Ver Fig. 1). Durante la concepción, sucede la primera separación de la unidad. Inmediatamente comienza una lucha biológica de supervivencia representada por la reproducción celular necesaria para desarrollar la base estructural del cuerpo humano. En este período es prioridad sobrevivir y preservar la vida. Más adelante, durante la gestación, la consciencia del ser humano se limita a la información adquirida por los estímulos externos y endógenos a causa de su condición. No obstante, McCarty (2005) menciona que a pesar de la madurez del cerebro humano o del cuerpo físico durante la vida intrauterina, la consciencia trascendental que se hace presente en la gestación, parece tener la capacidad de funcionar fuera del tiempo, del espacio y de una realidad tridimensional. En esta etapa, se accede a la consciencia a través de una comprensión holográfica[9] del mundo para comprender simultáneamente el todo y las relaciones dentro de ese todo. Por lo tanto, el feto desarrolla una comprensión compleja, introspectiva y experiencial mientras ocurre el desarrollo biológico. El nacimiento representa el momento en el que el ser humano se ve obligado a tomar la primera decisión de su vida: vivir o morir, lo que genera una primera impresión de toma de decisiones. Debido a esto, la manera en que toma la decisión de vivir, se ve reflejada durante todo el período posnatal del ser, principalmente en la toma de decisiones. La primera impresión con el mundo se da inmediatamente después de estar completamente fuera del útero. Esta impresión repercute en la reacción del individuo con respecto al entorno. Es decir, con su forma de relacionarse con el mundo.

Durante la experiencia posnatal, el individuo pasa por distintos niveles de consciencia en relación con el ego. González-Garza propone un modelo de

---

[9] La idea del cerebro como holograma, es desarrollada por Karl Pribram (1919-2015), médico neurocirujano estadounidense intrigado por descubrir físicamente en qué parte cerebral reside la memoria. Su teoría se basa en una analogía con la fotografía sin lente en donde el campo de onda de luz esparcido por un objeto se recoge en una placa como patrón de interferencia. Cuando el registro fotográfico (el holograma) se coloca en un haz de luz coherente como el láser, se regenera el patrón de onda original. Aparece entonces una imagen tridimensional. Cualquier trozo del holograma, reconstruirá toda la imagen. Llevando esta analogía a la vida cotidiana, el físico David Bohm dice que el holograma es el punto de partida de una nueva descripción de la realidad: el orden *plegado*. La realidad clásica se ha centrado en manifestaciones secundarias —el aspecto *desplegado* de las cosas—, y no en su fuente. Estas apariencias se abstraen de un flujo intangible, invisible, que no se compone de partes. Se trata de una interconexión inseparable (Mind Bulletin, 1978). De aquí han surgido importantes autores y científicos que refuerzan el paradigma holográfico a través de interesantes experimentos y hallazgos en las fronteras de la ciencia.

desarrollo dividido en etapas y niveles que van desde lo menos a lo más inclusivo (Ver Fig. 2). Cada nivel corresponde a una de las dimensiones que conforman la naturaleza humana, por lo que todo ser humano imprescindiblemente pasa por estas etapas. Cada dimensión posee a su vez, sus propios elementos, necesidades, motivaciones, valores y potencialidades específicas que permanecen en la espera de ser trascendidas.

Nivel de consciencia	Principio	Enfoque	Etapa
Transpersonal	Principio de Unidad	*Self* o sí mismo integral Yo, tú / Nosotros / Humanidad / Mundo / Cosmos	Etapa holística *Tesimonium* Trascendente
Personal	Principio de la relación	*Self* o sí mismo Filosófico-existencial social	Etapa organísmico social Etapa Reflexivo-formal
Prepersonal	Principio de realidad	Ego biopsicológico	Etapa egocéntrica de síntesis
Egóico	Principio de placer	Ego corporal Ego mental	Etapa somática sensoriomotriz Etapa psicológica prelógica

Fig. 2. Modelo de desarrollo de la consciencia

Este modelo se encuentra fundamentado en las propuestas que sobre el desarrollo evolutivo presentan Piaget, Erikson, Rogers, Maslow, Freire y Wilber entre otros. A continuación, una breve descripción de cada nivel y sus etapas correspondientes:

Nivel preegóico. Etapa pleromática. Edad aproximada desde la concepción hasta los cuatro meses. Esta etapa comprende todo el proceso de gestación y los primeros meses de vida. Como se ha mencionado con anterioridad, la sobrevivencia es la prioridad en este nivel. El ser humano experimenta las dos primeras separaciones (una primera separación de la consciencia de unidad y una segunda separación de la vida intrauterina). En este proceso, el individuo requiere de enfocar toda su energía a procesos adaptativos, biológicos, sociales, improntas y otras necesidades. Por lo que es necesario que la consciencia de unidad se nulifique durante este período.

Nivel egóico. Etapa prelógica. Edad aproximada de los cuatro meses a los dos años. La autoconsciencia se desarrolla en esta etapa ya que se rige por el principio del placer y el egocentrismo cobra fuerza. El mundo se convierte en un misterio y el niño comienza a distinguir entre la experiencia personal, la experiencia del otro y la experiencia del mundo. Es decir, comienza a ubicarse dentro de un mundo y se vive como el centro de ese mundo. Este nivel de consciencia es necesario para fortalecer las relaciones, así como para comenzar a identificarse en espacio y tiempo. Por lo tanto, la consciencia de unidad no se podría manifestar en esta etapa.

Nivel prepersonal. Etapa psicológica. Edad aproximada de los dos a los siete años. El principio de placer y la evitación del dolor comienzan a cobrar fuerza. Durante esta etapa, la consciencia corporal se desidentifica para convertirse en una consciencia mental-racional. El niño comienza a actuar a voluntad y menos instintivamente, comienza a elegir de una forma autónoma y ejerce control sobre el tiempo y su estructuración con respecto al pasado y al futuro. El niño comienza a interesarse más por los conceptos que por las cosas.

Nivel personal. Etapa psicosintética. Edad aproximada primera fase: de los siete a los doce años y segunda fase: de los doce a los quince años. El niño desarrolla en la primera etapa la capacidad de un pensamiento lógico que le permite perfectamente resolver problemas y enfrentarse a situaciones tangibles. Más adelante, puede comenzar a desarrollar una visión más objetiva y experimentar la primera experiencia de síntesis.

Nivel organísmico-social. Etapa organísmica. Edad aproximada: diecisiete años en adelante. Esta etapa surge cuando el individuo ya ha integrado sus etapas anteriores y reconoce la consciencia biológica tanto como la psicológica. Los principios que la rigen son el de la voluntad, la intencionalidad y la búsqueda de significados. El individuo comienza a identificarse con formas de expresión artísticas y surge una necesidad de autoexploración, autodescubrimiento y autoaceptación que permite a la persona trascender el ego mental al desafiar prejuicios y roles sociales entre otras cosas.

Nivel transpersonal. Etapa trascendente. Esferas transpersonales. Edad indefinible. Este nivel se rige por el principio de unidad en donde yacen los valores más elevados, las causas más nobles de todos los actos y fenómenos humanos. No existe una edad rigurosa en la que deba surgir esta etapa. Se llega a este punto una vez que las etapas anteriores se han cumplido, experimentado e integrado. Este nivel corresponde a la consciencia de unidad.

Como se puede observar en el modelo de la consciencia, es importante comprender que algunos niveles no deben cumplir rigurosamente con una edad en específico. Pero sí puede existir un salto entre los diferentes niveles de consciencia. Las descripciones de arriba representan un modelo de desarrollo naturalmente sano. No obstante, existen individuos que algunos engaños egóicos les hacen pensar que se encuentran en un nivel transpersonal de consciencia y en realidad están cubriendo carencias y miedos correspondientes a estados de nivel egóico, prepersonal o incluso personal. La autenticidad de la consciencia de unidad puede llegar a ser cuestionable cuando existen incongruencias en algunos ámbitos de la persona, pues la consciencia de unidad no se fragmenta ni discrimina ámbitos. Un ser humano con un nivel de consciencia transpersonal, deja a un lado las facetas aplicables a cada ámbito para mostrarse consciente de la unión del todo en todos los ámbitos de su vida. La consciencia de unidad es congruente y consiste en el reconocimiento de la impermanencia por lo que sugiere un trabajo frecuente y constante.

No obstante, en algunas circunstancias de la vida diaria, pueden surgir egos personales, mentales o corporales derivado de que ningún ser humano está exento de participar en algún juego del ego. Es decir, para llegar a un nivel de consciencia específico, es necesario haber trascendido el nivel anterior. Sin embargo, es posible regresar a un nivel de consciencia previo por alguna circunstancia sin que esto demerite el trabajo trascendental del individuo. Una vez experimentada la consciencia de unidad, el ser interior induce a la persona en una búsqueda constante del bienestar, eso no significa que todo el tiempo esté presente ya que la impermanencia es universal y necesaria para generar pautas evolutivas. Roberto Assaglioli, creador de la psicosíntesis establece que la personalidad humana consiste en varias subestructuras dinámicas que tienen una existencia relativamente separada y alternan su influencia sobre la psique, dependiendo de las circunstancias. Es esta estructura dinámica la que requiere del surgimiento de distintos niveles de consciencia en distintas situaciones.

El modelo del desarrollo de la consciencia no sugiere que ningún nivel sea superior a otro, por el contrario, se ha dicho que los niveles de consciencia son impermanentes y son necesarios para poder alcanzar la consciencia de unidad. Por medio de su existencia y de su evolución es que se logra la trascendencia misma.

Para integrar una experiencia transpersonal auténticamente, es necesario reproducirla en los cinco ámbitos de la existencia: la transpersonal, sutil, mental, emocional y física. La experiencia transpersonal por sí sola, sólo se genera en el ámbito transpersonal. A pesar de que este genera una impronta de un estado óptimo por sí sola, puede pasar por el infortunio de quedar plasmada como una experiencia onírica ya que se cree que ambos, los sueños y las vivencias expandidas de la consciencia, suceden en el mismo espacio.

Trastornos mentales o crisis espirituales

Dentro del marco terapéutico de la Transpersonal, se considera que toda situación desafortunada es una oportunidad para experimentar un acercamiento hacia la unidad de consciencia. La crisis y los motivos de consulta se observan como una invitación para que el consultante contacte con su Sanador Interno y así, este pueda emerger. No es necesario emitir un diagnóstico psicológico, pero sí lo es reconocer los rasgos de personalidad para comprender las posibles reacciones, así como para aplicar las herramientas o técnicas de integración adecuadas.

El Sanador Interno constantemente emite señales de sanación y de una posible solución para el individuo. La represión de la comunicación necesaria para comprender los mensajes del Sanador Interno, induce a la persona en un estado de crisis el cual puede causar una situación desagradable para quien la experimenta. Una crisis o una situación que incomoda al individuo desde esta perspectiva supone una crisis espiritual. Dicho en otras palaras, la emergencia del Sanador Interno en algunas ocasiones es abrupta e incómoda derivado de que surge ante una constante incongruencia y deslealtad que la persona está teniendo para sí misma. La emergencia del Sanador Interno siempre busca un acercamiento hacia la consciencia de unidad. Esta emergencia puede generar ansiedad ya que exige una transformación o un cambio importante lo que en muchas ocasiones representa salir de la "zona de confort" en la que el individuo se encuentra con apego y en dependencia ya que esa zona pudiera representar un mecanismo aparentemente funcional para fines de adaptación al ambiente o bien, el cumplimiento de alguna expectativa social. Cuando el individuo está habitualmente adaptado a un estilo de vida dañino, la emergencia del Sanador Interno provoca una crisis para orillar a la persona a realizar un trabajo interior y alcanzar sus metanecesidades.

Esas crisis se traducen en el motivo de consulta. De modo que toda crisis es una señal de un intento o de un evento de emergencia del Sanador Interno. Por otro lado, la neurosis en términos transpersonales se define como la no aceptación de la transformación como mecanismo genuino de la vida (Almendro, 1999). Las circunstancias críticas son manifestaciones espirituales o del Sanador Interno en búsqueda de la emergencia y se dan en cualquier crisis emocional que pudiera tener el individuo.

Con respecto a las psicopatologías graves, según el psiquiatra John E. Nelson, muchos psiquiatras y psicólogos ortodoxos tienden a sobrevalorar la importancia de la investigación biológica de las últimas cuatro décadas al concluir que todas las desviaciones de la realidad consensual tienen una causa estrictamente cerebral y que, en consecuencia, deben ser abordadas biológicamente. De modo que busca reafirmar la idea de que las teorías psicológicas o espirituales no tienen por qué contradecir los hechos físicos, del mismo modo que las leyes de la física no deben dejar de lado la experiencia del ser humano. Menciona lo siguiente:

"El abordaje transpersonal a la experiencia psicótica nos obliga a volver a reflexionar sobre la extendida falacia de que los seres humanos son meros objetos físicos, mecánicos y sin espíritu, aislados del entorno por la piel, inexorablemente condicionados por su herencia genética, sus impulsos biológicos y la indescifrable complejidad de su cerebro. Según esta visión, los "locos" psicóticos deberían transferir la responsabilidad de su enfermedad a autoridades "cuerdas" que siguen alimentando la falsa expectativa de una pronta e indolora solución farmacológica a todos los problemas [...] lo que afecta al cerebro también afecta siempre a la mente y viceversa".

Nelson considera pros y contras de la medicación antipsicótica así como el trabajo mental-espiritual como una herramienta para tratar casos específicos de esquizofrenia. Establece que dentro de los trastornos psicóticos existen también niveles de consciencia y a través de ellos se puede acompañar al paciente en la resolución del conflicto mental generado por el padecimiento, logrando una estabilidad tal que permita la convivencia normal y adaptada al ambiente social.

Grof propone un nuevo planteamiento de las patologías y los trastornos mentales a partir de la experiencia perinatal. Distintas patologías corresponden a diferentes experiencias en cada una de las Matrices Perinatales Básicas. De acuerdo con sus observaciones, por dar ejemplo, la claustrofobia se adquiere en la Segunda Matriz Perinatal ya que esa etapa corresponde al momento en que el feto comienza a interactuar con las primeras contracciones uterinas. Si en el momento de tomar la decisión de vivir, esto es, pasar por el cérvix materno el niño experimenta ansiedad por sentirse atrapado, o debido a que alguna circunstancia fenomenológica externa le impide comenzar a salir, durante su experiencia posnatal (como holograma de esa experiencia perinatal), en el momento en el que se genere una experiencia parecida a ese atrapamiento, se disparará el síntoma de la claustrofobia.

Los trastornos psicopatológicos surgen después de una supresión intensa y tras la frustración de la constante necesidad de cumplir con los valores intrínsecos del individuo (metanecesidades); reflejando sucesos del proceso perinatal relacionados con la patología que se desarrolla.

El diagnóstico en el proceso transpersonal

Existen evaluaciones e inventarios aplicables para descartar cualquier condición neurológica o impedimento físico dentro del marco terapéutico previo a cualquier intervención transpersonal. En el proceso de desarrollo transpersonal no se busca encasillar al consultante dentro de un listado de síntomas. El individuo se percibe como un ser capaz y con grandes potencialidades para enfrentar lo que la vida le presenta y su Sanador Interno está listo para resolverlo y trascenderlo. No obstante, dentro del estudio transpersonal se deben comprender las psicopatologías, así como sus síntomas y características. En algunos casos de padecimientos psiquiátricos no se han hecho investigaciones al respecto de los estados expandidos de consciencia, de modo que, en pacientes psiquiátricos principalmente con daño neurológico, existen contraindicaciones.

Este enfoque de la psicología, no percibe al individuo como un ser enfermo, al que hay que ayudar, vulnerable o en circunstancias limitadas e inferiores a las de ningún otro ser. Por lo que no existen parámetros establecidos que encasillen patrones o rasgos de la personalidad dentro de una clasificación predecible. No existen criterios de diagnóstico dentro de una escala de patologías, así como no se busca cumplir con estándares preestablecidos y, a su vez, estandarizados. Sin embargo, es indispensable ubicar el estado de consciencia del consultante para discernir con respecto al método de intervención a aplicar en cada momento, dependiendo del proceso en el que se encuentre el individuo bajo el entendido de que el individuo puede experimentar distintos niveles de consciencia de manera impermanente.

Lo anterior se refiere únicamente al trabajo terapéutico individual. Sin embargo, existen técnicas de grupos de contención con formatos de retiro durante varios días que permiten que los consultantes realicen un trabajo profundo sin necesidad de cumplir con un estado de consciencia específico.

El proceso terapéutico

A pesar de que el proceso terapéutico transpersonal está a la espera de las indicaciones del Sanador Interno del individuo y partiendo de la base de que la persona en consulta se encuentra en una crisis espiritual por incongruencias, deslealtad a sí misma o por un evento que no le permite permanecer en un estado de consciencia de unión con el todo, independientemente de su nivel de consciencia; existen tres aspectos a considerar que generan la estructura medular del proceso terapéutico a reserva de que durante este, el Sanador Interno del consultante sugiera un cambio de rumbo o bien, precise de mayor dedicación sobre un tema en específico:

1. <u>La Unidad Personal</u>. Este aspecto considera el trabajo terapéutico con la congruencia, el drama y la biografía del individuo. La acción, el sentimiento y el pensamiento deben coexistir al unísono. No se podría llegar a una unidad de consciencia si no se tiene una unidad personal real y clara. Esta etapa es crucial para el individuo ya que, si no existe congruencia entre los pensamientos, los actos y el Sanador Interno, es prácticamente imposible lograr una terapia exitosa. Es un momento difícil para el consultante debido a que, si existen resistencias reafirmadas por el entorno, surge una crisis espiritual obligando al individuo a tomar decisiones definitivas con respecto a sí mismo y al entorno que lo somete a dicha crisis. En esta etapa el consultante puede decidir en consciencia continuar con el trabajo interior, o bien, continuar con aquello que ha suprimido su autenticidad.

2. <u>Descodificación</u>. Las programaciones sociales son rígidas y estructuradas con el fin de adaptarse al mundo no desde una visión común sino desde la limitada perspectiva de la familia de origen. Esto genera un gran riesgo para el Sanador Interno ya que el sistema de creencias que rija la actitud del individuo dependerá del entorno en el que se desarrolle su experiencia posnatal, así como sus experiencias prenatales y perinatales. El mayor riesgo es que cada individuo del núcleo familiar posee a su vez una programación correspondiente a su propio núcleo de origen y sus propias experiencias posnatales, prenatales y perinatales. Esto significa que el núcleo donde la persona se desarrolla, está influenciado por varias generaciones anteriores que no necesariamente han vivido en un estado de expansión de la consciencia. Lo que significa que con gran probabilidad las programaciones en el sistema de creencias o bien, introyectos, aportan un gran esfuerzo para evitar la emergencia del Sanador Interno, así como la autenticidad del propio individuo.

   Por lo anterior, es considerablemente importante la descodificación del consultante no para inducir formas de pensamiento adicionales sino para confrontarlo con lo que su Sanador Interno sugiere. Todo Sanador Interno busca la consciencia de unidad, por lo tanto, en todas las ocasiones la sugerencia será en favor del desarrollo de consciencia de la persona.

3. <u>Toma de consciencia</u>. Es necesario evaluar constantemente los avances de consciencia que va presentando el consultante. Este aspecto constituye el catalizador de la terapia. Sirve para medir los avances y para identificar aspectos adicionales que pudieran ser relevantes en el proceso del desarrollo de consciencia. Ken Wilber (2007) propone una cartografía interesante que funciona de apoyo para la toma de consciencia y consiste en cuatro cuadrantes basales que se pueden apreciar en la figura 3.

A no ser que la consulta se deba a un trabajo interior de claridad y/o de rutina, los tres aspectos del proceso terapéutico deducen que la persona se encuentra separada de su Sanador Interno, en un conflicto mental y contrapuesto con la propia autenticidad, con una programación y/o codificación que confronta la emergencia del Sanador Interno y que tiene dificultades para experimentar una unión con el todo.

YO Interior -Individual (Yo y Consciencia) Intencional Espíritu Mente Cuerpo	**ELLO** Exterior -Individual (Cerebro y Organismo) Conductual Casual Sutil Ordinario
NOSOTROS Interior - Colectivo (Cultura y visión del mundo) Cultural Yo Nosotros Todos nosotros	**ELLOS** Exterior - Colectivo (Sistema social y entorno) Social Grupo Nación Global

Fig 3. Los Cuatro Cuadrantes centrados en el ser humano (Wilber, 2007)

Dentro de la terapéutica, se considera a la consciencia como una parte de la experiencia humana evolutiva, integrativa, con capacidades transpersonales y holotrópicas. Esto significa que, a no ser que se experimente e integre una emergencia espiritual, el nivel de consciencia es cronológicamente evolutivo. La experiencia, por lo tanto, no es lo único necesario para expandirse hacia la consciencia. Es la experiencia junto con la integración de la misma lo que verdaderamente genera un cambio evolutivo de consciencia. La integración consiste en una conexión congruente entre la razón y las emociones (conexión mente-corazón). Esto no se puede obtener más que gradualmente.

El Psicoterapeuta, Facilitador o Servidor Transpersonal

Dentro de la terapéutica transpersonal el terapeuta no funge como tal ni como acompañante, sino como una presencia facilitadora cuyo desempeño depende de su propio trabajo personal. De este modo, respeta y permite que emerja el Sanador Interno del otro, le devuelve al consultante el poder que este otorga al terapeuta al entrar en un espacio en el que piensa que recibirá ayuda de alguien ajeno a sí mismo. Se trata de que el individuo contacte con lo más sagrado de su consciencia. Por lo tanto, todo método de intervención transpersonal es no sugestivo. Es decir, el facilitador transpersonal a diferencia de otros enfoques, tiene la obligación ética de desarrollar un trabajo interior lo suficientemente profundo y constante para no intentar participar en el proceso del consultante bajo el entendimiento de que el Sanador Interno de cada ser humano es lo que realmente sabe y conoce lo que ese ser requiere. No hay nada que el facilitador tenga para ofrecer más allá de su presencia y su trabajo personal es lo único importante. La auténtica presencia exige el no hacer nada sugestivo con el fin de contaminar lo menos posible la experiencia del consultante, pero sí tener la humildad y la amplitud de consciencia suficiente para respetar y seguir lo que el Sanador Interno del otro indique. Es decir, la intervención y la relación facilitador-consultante es activa y dinámica pero limitada a lo que indica el Sanador Interno del consultante y no la interpretación del facilitador.

Esto no significa que el facilitador transpersonal requiere de un nivel de consciencia de unidad permanente ni de un nivel de consciencia superior al del consultante. Es probable que en ocasiones resulte una persona con un nivel de consciencia lo bastante amplio en un aspecto en el que el facilitador requiere de trabajar y eso ocasione que sea el Sanador Interno del facilitador el que surja. Aún así, el trabajo constante del facilitador le permitirá mantenerse al margen durante la sesión para posteriormente trabajarse a sí mismo ya sea en un contexto terapéutico o bien, a través alguna práctica personal. Todo se trata del trabajo interior del facilitador, por lo que constantemente el motivo de consulta y el consultante resultan ser indicadores importantes para el Sanador Interior del facilitador. De ahí la importancia del compromiso personal del terapeuta con su propio nivel de consciencia. En su autobiografía *Recuerdos, sueños y pensamientos*, Jung menciona que el médico que no conoce por su propia experiencia los efectos y las relaciones de los arquetipos, escasamente podrá escapar de su efecto negativo cuando se encuentre en su práctica en consultorio. Asimismo, menciona que cuando el médico viste su personalidad con una armadura, su práctica no tiene efectos terapéuticos pues el terapeuta debe observar todo el tiempo la forma en la que reacciona con su paciente. Expone que como médico, constantemente se tuvo que preguntar qué tipo de mensaje le llevaba el paciente y lo que significaba para él.

Es imprescindible una continua y constante conexión con el propio Sanador Interno y con una consciencia de unidad para no transgredir el sanador del prójimo, lo que implica el compromiso de llevar a cabo prácticas de ampliación de consciencia frecuentemente, así como la constante actualización teórica y científica ya que es un enfoque con un gran camino por andar en el que constantemente surgen interesantes hallazgos y aportaciones teóricas, filosóficas y prácticas. La experiencia Transpersonal no se trata de una experiencia mística que seduce al ego haciéndole creer que se encuentra en un nivel superior de consciencia. Por el contrario, consiste en un trabajo interior serio y constante con la humilde aceptación de la impermanencia de los estados de consciencia y de los sucesos que surgen día con día en la historia de cada ser humano. No es un camino fácil por la sencilla razón de que más allá del trabajo del otro, demanda el trabajo profundo y serio del propio facilitador.

Por lo anterior, el facilitador debe tener muy claro en cada sesión que el proceso terapéutico no tiene nada que ver con el que tiene al frente, sino con su propio trabajo interior y la no obstaculización en el proceso del otro. La congruencia de pensamiento, palabra y acción es imprescindible para poder generar un ambiente seguro para el Sanador Interno del consultante ya que de esto se desprende el éxito de la terapia.

Dados los riesgos y el nivel de contención que exige este tipo de terapia, es mandatorio que el facilitador transpersonal cuente con una formación psicológica y sobre todo con conocimientos en métodos de intervención humanistas y Gestálticos, así como en técnicas expresivas y experienciales para llevar a cabo una integración adecuada del proceso adicional al entrenamiento en materia transpersonal. Esto porque en algunos casos la experiencia es sumamente reveladora e integrarse a un mundo de hábitos o creencias limitantes entre otras cosas, puede ser abrumador para el consultante.

Cabe destacar que las prácticas de expansión de consciencia por sí solas, no representan ninguna capacitación para prácticas transpersonales de facilitación. Si bien, el Transpersonal es un movimiento social, científico, filosófico y artístico, y en todas estas materias el objetivo de la expansión de consciencia es compartido, cada una de ellas requiere del respeto del campo de trabajo en el que se encuentra. De este modo, no es lo mismo generar arte transpersonal a través de una experiencia de expansión de la consciencia, que ser un artista transpersonal, así como no es lo mismo experimentar un estado expandido de la consciencia que ser facilitador transpersonal o un crítico de la ciencia. Así, la mera experiencia transpersonal no genera en automático psicoterapeutas transpersonales. Por muy seductor y sencillo que esto pueda parecer, la psicología siempre se enfocará en la psique humana y eso requiere del mayor compromiso en el entrenamiento y del mayor respeto por el prójimo.

Frecuentes y constantes experiencias de expansión de consciencia tampoco entrenan a un individuo para fungir como facilitador de otro. De lo contrario, estaríamos tomando ventaja de un estado que es inherente al ser humano y eso se convertiría en charlatanería.

Si bien algunas prácticas chamánicas y disciplinas orientales funcionan como herramientas para la expansión de consciencia, no necesariamente generan la evolución de la consciencia del individuo, no representan un contexto de psicoterapia transpersonal y paradójicamente la sola práctica constante de esas herramientas sin ser parte de una cultura preindustrial, puede resultar contraproducente para la psique del individuo recayendo en un engaño egóico y placentero, pero no por eso en un auténtico proceso evolutivo de consciencia sino todo lo contrario.

Los estados expandidos de consciencia y la consciencia de unidad son circunstancias a las que todos los seres humanos podemos acceder. No son propios o exclusivos de ciertas personas, no es necesario apegarse a ningún dogma, no es necesario seguir gurús, guías, maestros o profetas. Lo que busca la psicología transpersonal es facilitar el desarrollo evolutivo de los niveles de consciencia de la humanidad. Para eso es necesario derrotar cualquier idea que ponga a la humanidad en desventaja entre sí y comprender desde una perspectiva flexible, abierta al cambio y al constante aprendizaje.

Para practicar la psicología transpersonal, no basta con recaer en la intelectualización ni en la comprensión racional de la mecánica cuántica, de la filosofía de la ciencia, ni del cosmos. Es necesario entrar en un movimiento de derrota y surgimiento de cambios de paradigmas en todos los ámbitos de la vida propia. Es crear un mundo que contiene infinidad de posibilidades y tumbar barreras del criterio limitante en ámbitos científicos, culturales, humanos y universales.

Panorama actual de la Psicología Transpersonal

El movimiento transpersonal se expande más allá de la psicología ya que también existe en la sociología, economía, antropología, etnología, educación, dirección de empresas, comunicación, ética y ecología entre otras disciplinas y estudios. De este modo se funda la ITA (*International Transpersonal Association*), red que organiza a la fecha congresos en todo el mundo. En el año de 1969, Stan Grof y Abraham Maslow fundan un grupo dirigido únicamente para psicólogos conocido como la Asociación de Psicología Transpersonal junto con Carl Rogers, Viktor Frankl, Anthony J. Sutich, Ch. Buhler, James Fadiman entre otros. También se forma el *Journal of Transpersonal Psychology*, del cual Sutich sería el primer director desde 1969 hasta su muerte en 1976.

En 1987 cuatro países (Bélgica, Francia, Italia y Holanda) fundaron en Francia la EUROTAS (*European Transpersonal Association*). Más adelante se añadieron Alemania, el Reino Unido, Suiza, España, Suecia y bastantes países de Europa del Este: Polonia, Croacia, Hungría y Rusia. En la actualidad, esta asociación celebra congresos anuales y publica un boletín en inglés con los hallazgos y los avances científicos transpersonales.

En el año de 1990, se pusieron de moda conceptos que aplican el prefijo "trans": transcultural, transgeneracional, transmutación, transcomunicación, entre otros. Lo que ha generado que lo transpersonal corra el riesgo de ser confundido con lo personal, la parapsicología, la *nueva era* y la religión. Se confunde también con un estado de trance cuando en realidad mantiene la consciencia y evita que lo personal intervenga en el proceso. Los estados expandidos de consciencia son distintos del trance. El desarrollo transpersonal no es lo mismo que el desarrollo personal, pues este último se limita al trabajo individual de desarrollo. Por el contrario, el desarrollo transpersonal busca que el individuo se conecte con los valores de la consciencia de unidad no con fines de desarrollo personal sino con fines de coexistencia universal.

El movimiento de la psicología transpersonal ha brotado prácticamente alrededor de todo el globo y hoy ha crecido enormemente. Sin embargo, este movimiento busca y hace grandes esfuerzos para no ser confundido con la *nueva era*. Los principales autores que dan soporte a los avances, teorías e investigaciones serias, se encuentran afiliados a alguna de las asociaciones internacionales.

Aquellas personas que se sientan atraídas por el estudio sobre esta corriente psicológica deberán darse a la tarea de discernir entre diversos grupos de estudio que no necesariamente cumplen con los lineamientos éticos de esta práctica a pesar de portar el término *Transpersonal* en su nombre. Es imperativo que un profesional dedicado a esta corriente, conozca los autores principales, las teorías que se proponen, los estudios, los boletines, las revistas y los últimos avances que gratuitamente publican las asociaciones internacionales con el fin de aportar a un movimiento profesional apegado a la ética en el ejercicio de su especialidad.

Derivado de que la experiencia transpersonal es inherente a todos los seres humanos, constantemente surgen teorías y perspectivas nuevas que plantean formas diferentes de ver los modelos de la consciencia, las dinámicas de la psique, así como métodos de intervención. Es por ese motivo que no existe una integración teórica que abarque todas las propuestas y no necesariamente están alineadas, pero sí convergen en un objetivo en común, trabajar sobre la consciencia.

Con el fin de facilitar la comprensión de la psicología transpersonal, se han citado algunas propuestas teóricas apegadas a lo más sencillo de este paradigma. Sin embargo, estas teorías no representan mayor o menor importancia que otros hallazgos, teorías y métodos de mayor complejidad.

Conclusiones

La *Fuerza Transpersonal* de la psicología representa un planteamiento desafiante no sólo para la ciencia, sino para la humanidad y para la psicología misma. Este enfoque psicológico no demerita ninguna otra corriente y ha surgido con el fin de llenar las necesidades actuales de la humanidad que implican una consciencia que rebase las barreras de lo personal y considere una posible experiencia más allá de un sistema de creencias reducido a lo que hasta ahora se conoce como "realidad".

La historia del individuo no se limita a la experiencia posnatal ni a la experiencia en un mundo social, material, personal y de tiempo lineal. El momento de la concepción, el período de gestación y los estímulos externos incluso previos al nacimiento influyen considerablemente en el desarrollo de la personalidad del individuo. Asimismo, la consciencia de unidad es un estado natural del ser que no se había estudiado con tanta seriedad como el día de hoy. Por primera vez la crisis se mira como una oportunidad de desarrollo y transformación. Es una ventana que da la pauta a la persona para experimentar su estado natural de expansión de la consciencia, estado que lleva al individuo a conocer su lugar en el mundo como parte de un todo y no como un ser independiente en términos de supervivencia y sentido de vida. Si bien la psicología transpersonal respeta cualquier condición neurológica o bioquímica, dentro del espacio terapéutico se busca eliminar el hábito de emitir un diagnóstico como pauta de intervención en el proceso de trabajo interior del consultante.

El proceso terapéutico con un enfoque transpersonal depende considerablemente del trabajo interior del facilitador. No es posible esperar un proceso terapéutico con éxito si el facilitador no comprende la importancia de la presencia y la congruencia en sí mismo.

Claramente la corriente Transpersonal continúa creciendo a pasos agigantados debido al campo de investigación tan ambicioso que contempla. A medida que el nivel de consciencia de la humanidad evolucione, el movimiento transpersonal se verá en la necesidad de generar los cambios evolutivos pertinentes con el fin de no entorpecer el proceso del ser interior de los individuos. De modo que se busca evitar el rígido apego hacia un solo método de intervención, teoría o paradigma aun siendo parte del acervo transpersonal.

Bibliografía

ALMENDRO, M. et al. (1998) *La consciencia transpersonal*, Kairós, Barcelona.

BRENNAN, J.F. *Historia y Sistemas de la Psicología*, Pearson Educación, 5ta Ed., México.

CAPRA, F. (1975) *The Tao of Physics. An Exploration of the Parallels between Modern Physics and Eastern Mysticism*, Shambala Editions.

GROF, S. (1988) *Psicología transpersonal, Nacimiento, muerte y trascendencia en psicoterapia*, Kairós, Barcelona.

GROF, Ch. (1994) *The Thirst for Wholeness*, HarperOne, New York.

GROF, S. (2000) *Psychology of the future*, Suny Press, New York.

GROF, S. et al. (1986) *Spiritual Emergency, When Personal Transformation Becomes a Crisis*, Tarcher Putnam, 1986.

JUNG, C.G. (1961) *Memories, Dreams, Reflections*, Vintage Books, New York.

JUNG, C.G. (2009) *The Red Book Liber Novus*, edited by Sonu Shamdasani, Norton y Company, New York.

KRIPPNER, S. (2016) *Trastornos mentales o crisis espirituales*, Seminario presencial con Stanley Krippner en Desarrollo Transpersonal Instituto Universitario, A.C., Puebla, México.

MASLOW, A.W. (1971) *The Farther Reaches of Human Nature*, Viking Compass, New York.

McCARTY, W. (2005) *Welcoming Consciousness, Supporting Babies' Wholeness from the Beginning of Life*, Wondrous Beginnings Publishing, California.

NELSON, J. E. (2000) *Más allá de la dualidad. Integrando el espíritu en nuestra comprensión de la enfermedad mental*, La liebre de marzo, Barcelona.

PERKINS, J. (1990) *Psychonavigation*, Destiny Books, Vermont.

SHELDRAKE, R. (2011) *The Presence of the Past. Morphic Resonance and the Habits of Nature*, Icon Books, United Kingdom.

SPARKS, T. (2016) *El Paradigma Holotrópico, Módulo I Seminario de Certificación de Respiración Holotrópica*, Cuernavaca, Morelos.

TALBOT, M. (1991) *The Holographic Universe*. 2011 ed., Harper Perennial, New York.

WILBER, K. (2008) *La visión integral. Introducción al revolucionario enfoque sobre la vida, Dios y el Universo*, Kairós, Barcelona.

WILBER, K. (1993) *Psicología Integral*. Kairós, Barcelona.

WILBER, K. et al., (1978-1986) *El Paradigma Holográfico*, Kairós, Barcelona.

Edward Distel

> Para hacer una tarta de manzana necesitamos harina, manzanas, una pizca de esto y de aquello y el calor del horno. Los ingredientes están constituidos por átomos: carbono, oxígeno, hidrógeno y unos cuantos más (...) Para poder hacer una tarta de manzana a partir de cero hay que inventar primero el universo.
>
> Sagan. 1982

Refiriéndonos a lo anterior, lo mismo sucede con la naturaleza humana; para poder crear a un ser humano a partir de cero hay que inventar primero el universo, y eso, no es tarea fácil. La aparición del *Homo sapiens* es una historia creativa que ha tomado 13.8 billones de años; una narrativa que se remonta hasta la génesis del tiempo y espacio.

No es la finalidad del escrito recorrer esta gran historia, no hablaré sobre la creación de estrellas o planetas, de la importancia de las supernovas o la materia obscura, más bien, el enfoque es hablar sobre cómo, nuestra especie, forma parte de este proceso evolutivo, y sobre cómo, somos resultado de este. El tener en consideración la larga historia humana arroja grandes destellos de luz sobre la forma en la que funcionamos, sobre la importancia del apego, de la imitación y del grupo; de nuestros dolores y alegrías. No debemos separarnos de nuestra naturaleza humana, negarla nos deja incompletos al no sólo alejarnos de nuestro origen, sino de nosotros mismos como especie. Es hora de cauterizar la herida a nuestro narcisismo mostrada por Freud allá en el año de 1917.

En 1991, Donald Brown, profesor emérito de antropología publicó su libro *Universales humanos*, en este se enlistan cientos de características que distintas culturas comparten sin excepción. Tomemos, por ejemplo, los siguientes universales: magia para conseguir amor, identidades colectivas, chismorreo, cariño expresado y sentido, clasificación de flora y fauna, lenguaje, afecto, hacer cosquillas, ente otros. (Pinker, 2012. p. 627-632). Las semejanzas de las distintas culturas del "Pueblo Universal" como lo define Brown (Pinker, 2012. p. 94), surgen del desarrollo de una mente producto de la evolución mediante el método de selección natural. Es imposible comprender las similitudes del "Pueblo Universal" sin aceptar que todos somos resultados de una misma historia, todo ser humano tiene un mismo origen. Todos somos de África.

La línea directa que lleva a nosotros comenzó hace 6 millones de años aproximadamente, cuando el camino de nuestros primos cercanos, los chimpancés, se separó del nuestro; cada uno tomó un sendero distinto, y nos separamos de aquel lugar en donde compartíamos un ancestro en común. Durante este recorrido nuestro cerebro y nuestra mente, al igual que todas las otras partes del cuerpo, fueron sujetas a las presiones que aquél ambiente ofreció, dicha presión ejerció un proceso selectivo.

Nuestra especie es el resultado de millones de años de evolución, tanto el bipedísmo como nuestra capacidad de comprender al otro, son muestra de la narrativa evolutiva de la que todos formamos parte. El resultado de este recorrido es observable en la forma en la que la especie humana comparte los mencionados universales, todos surgimos del mismo lugar, todos nosotros cargamos la misma historia en nuestros genes.

Sin embargo, aún con la importancia del vértice evolutivo en relación con la historia de vida del ser humano, su inclusión a las prácticas psicoterapéuticas ha quedado fuera, tomemos como ejemplo lo mencionado por Jacques-Alain Miller en su conferencia "El psicoanálisis, su lugar entre las ciencias" impartida en Jerusalén en 1988:

"Diría que el cambio que Lacan llevó a cabo en el psicoanálisis es principalmente un cambio en las referencias científicas. Sigmund Freud esperaba que finalmente el psicoanálisis podría y debería formar parte de las ciencias de la naturaleza. Así lo afirmó en repetidas ocasiones. Sin embargo, debemos decir que casi un siglo después de su fundación, el psicoanálisis para nada está más cerca de formar parte de la biología, para nada está más cerca de formar parte de las ciencias de la naturaleza. Déjenme afirmar que en los años cincuenta lo que Lacan hizo fue cambiar las referencias científicas del psicoanálisis, de la biología a las ciencias del lenguaje, a la lingüística y a la lógica principalmente. Debemos tener en cuenta que en el espacio analítico no sucede nada más que el hecho que se habla, y que para quien hace un análisis se trata de una experiencia. Digamos como hipótesis que si el psicoanálisis tiene efectos en la gente ¿de dónde vendrían estos, si no de hablar?" (Miller, 1988)

En definitiva, es un cambio, no solo respetable sino necesario, el mencionado por Miller referente a Lacan. Las ciencias del lenguaje y la lógica son parte de un espectro amplio que el psicoanálisis, al igual que las psicoterapias, debe englobar, pero ¿qué pasa con las ciencias naturales? Con el avance realizado en el último siglo, estas comienzan a prestar espacio de inclusión. El uso del cambio paradigmático propuesto por Lacan no debe de ser el punto a llegar, sino el comienzo de aquello que será.

Para comenzar con el tema de evolución, un poco de historia. De entrada, no fue Darwin quien propuso la idea de la evolución, muchos científicos previos habían tratado el tema, uno de los más conocidos fue Jean Baptise Lamarck quien tenía dos ideas acerca del cambio de las especies, ambas equivocadas. La primera idea de Lamarck era que las especies tenían una tendencia natural hacia el progreso, una tendencia hacia la mejora; ahora sabemos que la evolución por medio del proceso de selección natural no planea lo que es bueno para el individuo, más bien, aquello que resulta, por azar, bueno para la supervivencia y reproducción es aquello que se mantiene. La segunda fue la idea de la herencia de características adquiridas. Lamarck creía que los animales luchaban por su supervivencia y dicha lucha causaba que los nervios secretaran un fluido que agrandaba los órganos involucrados en la lucha del vivir (Buss, 2016). El ejemplo más citado de lo anterior era la creencia de que las jirafas habían evolucionado un cuello largo después de esfuerzos para alcanzar las hojas que se encontraban más altas, dicha característica de la lucha por sobrevivir era entonces heredada a sus hijos.

Sabemos que no es así como funciona la herencia, pero, Mendel aún no aparecía en el panorama, y aún cuando lo hizo no se le dio la importancia hasta años después. Regresando a la propuesta de Lamarck, por más que alguien tenga una característica adquirida, fisiculturismo, por poner un ejemplo, no se les pasará el físico musculoso a los hijos. La única forma de heredar características adquiridas es a través del aprendizaje y la enseñanza, y ese proceso es conocido con el nombre de *evolución cultural*.

Otra teoría interesante sobre el cambio que las formas de vida en este planeta han tenido fue desarrollada por Georges Léopold Chrétien Fréderick Dagobert Cuvier (Buss, 2016). Él propuso la hipótesis conocida como: Catastrofismo, en donde las especies se extinguían periódicamente mediante catástrofes repentinas tales como meteoritos o terremotos y entonces eran remplazadas por diferentes especies (Buss, 2016). Lo importante de esto no es sólo demostrar los errores en las hipótesis de antes, sino dejar muy claro que la idea de que las especies evolucionan, y que por lo tanto cambiaban durante periodos largos de tiempo, fue previa a Darwin. Lo que este hizo fue dar una explicación sumamente elegante sobre cómo eso pasaba, una idea llamada *Selección Natural*.

Menciono que es elegante por su simpleza: aquello que garantiza o mejora la supervivencia del individuo hasta la reproducción, continúa, aquello que no, no. La forma en la que Darwin llegó a dicha explicación comenzó en el año de 1831 cuando decidió tomar un viaje a bordo del famoso barco *Beagle* por un periodo de 5 años con el propósito de recorrer el mundo. Durante su travesía Darwin llegó a las conocidas islas Galápagos en donde se encontró con una gran gama de animales que cautivaron su atención, por un lado, las tortugas, pero en especial los pinzones. Al principio, Darwin creyó que los pinzones que había recogido en la isla eran todos de la misma especie, pero siendo un naturalista de ávida visión comenzó a notar una serie de variaciones, así que llegó a la conclusión de que los pinzones que variaban eran distintas especies. Lo anterior hizo a Darwin pensar que los pinzones tenían un ancestro en común pero que habían comenzado a cambiar entre ellos por las diferentes condiciones ecológicas de los lugares que habitaban en los distintos lugares de la isla. Había pinzones con picos grandes para alcanzar la comida cuando este estaba al fondo o pinzones con picos duros si la comida tenía una especie de caparazón. Cada especie estaba adaptada para las demandas del lugar en el que se encontraba. Así que, y guiado por el escrito de Thomas Malthus titulado "Un ensayo acerca del principio de población" (1798), en donde se hacía referencia a la noción de que los organismos existen en números mucho mayores que los que pueden reproducirse y sobrevivir, llegó al resultado de que los animales se encuentran en una constante "lucha por la existencia" en donde las variaciones favorables suelen preservarse y las variaciones desfavorables suelen desaparecer. Lo anterior fue lo que llevó a Darwin a comprender que aquello que hace que las especies cambien a través del tiempo es el mecanismo de selección natural, y gracias a esa experienica en las islas Galápagos fue como publicó en 1859, con un gran tormento emocional —ya que este representaba un fuerte golpe a las creencias religiosas de su esposa Emma—, *El origen de las especies por medio de la selección natural o la preservación de las razas favorecidas en la lucha por la vida.*

En cuanto al proceso de selección natural es importante tener presente que este tiene 3 ingredientes esenciales: variación, herencia y éxito reproductivo diferencial (Buss, 2016). El primer ingrediente habla sobre cómo los organismos suelen variar en un millar de formas, tamaño, fuerza, habilidad defensiva, etc. El segundo ingrediente es la herencia, la transmición informática que ocurre de generación en generación, y por último, la importancia del éxito reproductivo, un animal puede durar muchos años, y de nada servirá si este no se reproduce y pasa sus cualidades. Por lo tanto, tendrá que tener variantes heredadas que incrementen su posibilidad de reproducirse, aquellos que no se reproducen no pasaran sus características.

Lo impresionante de la idea de Darwin, es que lo hizo sin realmente saber cómo se heredaban esas características. Darwin creía que había una mezcla en donde los hijos son una mescolanza de papá y mamá, mitad uno y mitad otro; para comprender lo anterior, David Buss (2016) nos da una buena analogía, pensemos en la propuesta de Darwin como si los hijos fueran pintura rosa, una mezcla entre pintura roja y pintura blanca. Lo interesante fue que, durante el mismo tiempo en que Darwin propuso su teoría de la evolución por medio de la selección natural, existió un monje austriaco llamado Gregor Mendel quien descubrió que realmente no existe una mezcla, sino que las cualidades de los padres son transmitidas a sus hijos, no por una mezcolanza, sino que dichos atributos son pasados, y recombinados, en paquetes de información llamados: genes.

Mendel envió sus descubrimientos a Darwin, pero este, o no los leyó o no reconoció la importancia que estos tenían en su teoría (Buss, 2016). Una forma de describir el concepto de gen es el comprenderlo como la unidad más discreta que es heredada a los hijos de manera intacta. La colección completa de genes dentro de un individuo es conocida con el nombre de genotipo. El genotipo no se pasa intacto, sino más bien en la reproducción sexual los genotipos parentales se rompen, se recombinan, y heredamos al azar la mitad de los genes mamá y la mitad de papá, estos, al juntarse en el momento de la fertilización forman nuestro genotipo. La expresión de los genes (color de ojos y pelo, altura, color de tez, etc.) se le denomina fenotipo.

La unificación de la teoría de Darwin de la evolución por medio de la selección natural y la herencia a través de genes culminó en el movimiento de 1930–1940 conocido como *Síntesis Moderna* (Buss, 2016).

En este sentido, para poder comenzar la inclusión de la visión biológica/ evolutiva es necesario que nos adentremos en el concepto de *Ambiente de Adaptación Evolutiva (AAE)* (Buss, 2016). Cada una de las especies de este mundo tiene uno en específico, de esta manera el AAE se debe de comprender como el entorno al que una especie está adaptado, cada ambiente tiene distintas presiones que afectan el éxito reproductivo de las especies que se encuentran en este y por lo tanto todas las especies tienen sus diferencias, de ahí que ciertas especies sean ovíparas y otras vivíparas: resultado de las presiones selectivas. El ser humano no queda exento de tener su propio AAE dado que, como cualquier otro animal, y no olvidemos que somos uno- aunque haya gente que se disguste por tal enunciado- ha tenido presiones ambientales que han ido marcando su curso. El hecho de que no estemos extintos es prueba de nuestro éxito adaptativo, hasta el momento. Por lo tanto, si aceptamos que el ser humano tuvo un AAE especifico podemos hacer conjeturas de cuáles presiones selectivas dicho entorno entregó.

El AAE humano suele ser relacionado con un periodo de tiempo que comenzó hace 1.8 millones de años y finalizó aproximadamente hace 11,000 años, marcado por el final de las glaciaciones, este periodo es conocido con el nombre de Pleistoceno. Lo anterior no descarta la posibilidad de distintas presiones ambientales creadas por cambios en los últimos 10,000 años: la tolerancia a la lactosa es un claro ejemplo. El problema es que en la mayoría de los casos, 10,000 años es poco tiempo para que existan cambios genéticos que generen grandes adaptaciones. Al igual, como Hagen (2004) menciona, muchos de los cambios experimentados por los humanos durante la época conocida como Holoceno, en la que nos encontramos actualmente, han sido tan rápidos que no dan tiempo a la selección natural a seguir el paso. Por lo anterior, es más seguro enfocarse en un periodo de tiempo mayor, en este caso, el Pleistoceno.

Al tener ubicado el tiempo y entorno evolutivo del ser humano, no sólo las adaptaciones físicas, sino también las adaptaciones mentales comienzan a comprenderse. En este sentido, las adaptaciones mentales, junto con la historia evolutiva del ser humano, aquella que compartimos con todos los seres vivos, crearon dominios específicos psicológicos, adaptaciones enfocadas a la solución de problemas determinados. Para comprender lo anterior una analogía útil es visualizar estos módulos específicos como el *software* que procesa información recibida del *hardware*, que en este caso sería el cerebro. Las creaciones de dominios específicos mentales forman módulos de la mente. Steven Mithen (1998) menciona cuatro súper módulos de conocimiento intuitivo: lenguaje, psicología, física y biología.

Leda Cosmides y John Tooby (1992), proponen cientos de módulos mentales, la comparación que nos otorgan es visualizar la mente como una navaja suiza con cientos de hojas especializadas: un listado de estos es: "Un módulo de reconocimiento de rostros, un módulo de relaciones espaciales, un módulo de mecánica de objetos rígidos, un módulo de utilización de útiles, un módulo de miedo, un módulo de intercambio social, un módulo de emoción-percepción, un módulo de motivación orientada al parentesco, un módulo de asignación-recalibración de esfuerzos, cuidado de niños, un módulo de inferencia social, un módulo de amistad, un módulo de inferencia semántica, un módulo de adquisición de gramática, un módulo para la pragmática de la comunicación, un módulo para una teoría de la mente, ¡y etc.!" (Cosmides y Tooby citado en Mithen, 1998, p. 52)

Lo importante de lo anterior no es si son 100 o 4 módulos, sino que la función de estos surge de la adaptación de nuestros antepasados a las distintas presiones ambientales que estos se encontraron. Dichos módulos mentales determinan la forma en la que se configura el pensamiento humano.

Vayamos a un ejemplo particular del funcionamiento de uno de ellos. Es un hecho que el *Homo Sapiens* es un animal hipersocial, por lo tanto, la importancia de las relaciones sociales tiene primacía en los procesos mentales. El desarrollo de una capacidad mental que pudiera llegar a hacer inferencias sobre lo que otro estaba pensando brindó ventajas de supervivencia y reproducción. El desarrollo de un aparato mental apto para dicha demanda apareció en nuestros antepasados. Pero para poder comprender lo que otro piensa, primero tenemos que comprender aquello que nosotros mismos estamos pensando, una capacidad introspectiva que nos permita voltear a ver nuestros procesos de pensamiento, un "ojo interno" (Humphrey, 2013).

Con la ayuda del poder de la introspección es que se crea lo que los psicólogos denominan la teoría de la mente, definida como "La capacidad particular de enmarcar e interpretar percepciones, específicamente las del comportamiento humano como agentes que pueden actuar intencionalmente y que cuentan con creencias, sentimientos y deseos que motivan dichas acciones" (Herreman, p. 76). La teoría de la mente llega a su máxima expresión en el momento en que niños y niñas llegan a la edad de 4 y 5 años, observado en la capacidad de adjudicar creencias falsas a otro; en otras palabras, el momento en el cual los pequeños tienen la capacidad de comprender que otra persona puede llegar a tener diferentes estados mentales que uno, y estos estados mentales pueden no ser ciertos. Por ejemplo, Astington y Edward (2010) mencionan un experimento en donde se le muestra a un niño una caja de dulces, y se le explica que la caja realmente contiene lápices. Cuando se le pregunta a ese mismo niño de 3 años ¿qué cree que su compañero, el cual desconoce el contenido, creerá que tiene la caja?, menciona que su compañero dirá que tiene lápices, pero esa información sólo la tiene él, su compañero no ha recibido tal información, el pequeñeo asume que la información que él tiene debe de ser la misma que la de su compañero, lo cual es falso. Ahora, lo interesante es cuando se le pregunta a un niño de 4 años, este pensará que su compañero dirá que contiene dulces de la misma manera que él creyó tenía previo a que recibiera la información de los lápices. Los niños al darse cuenta de la capacidad que tienen las diferentes personas de albergar distintas opiniones a las suyas se dan cuenta de que sus propias palabras pueden engañar: los niños aprenden la capacidad de mentir. Y mentir, por más que no nos guste aceptarlo, puede entregarnos grandes beneficios. Claro, no todo es mentir.

La capacidad de comprender a otra persona fomenta la unión del individuo con el grupo, y puede mejorar relaciones personales; si una persona no comprende a aquellos quienes lo rodean, la ausencia de comprensión lo llevará a la exclusión del grupo; este es sin duda uno de los mayores dolores del ser humano, sólo necesitamos pensar en el castigo ejercido en cárceles a sus reos en donde estos son puestos en confinamiento solitario. Una muestra de los beneficios que un mejor desarrollo de la teoría de la mente tiene es observable en los niños ya que estos tienen un mejor desempeño social, una mejor resolución de problemas y un mayor grado de popularidad con sus pares, claro que a su vez también aumenta la capacidad de mentir y burlarse de los demás (Astington, J.W y Edward, M. J. 2010), de ahí la importancia de las intervenciones psicoterapéuticas, las cuales ayudan a dirigir positivamente nuestras capacidades mentales.

Para comprender la importancia del grupo, tomemos como ejemplo el caso aterrador del niño-ave, como ha sido llamado (*Russian "bird-boy " discovered in aviary,* 2008). En Rusia trabajadores sociales rescataron a un niño de 7 años que había sido criado dentro de un aviario en un departamento de dos cuartos. Al ser rescatado, el pequeño no comprendía ningún tipo de lenguaje y la única forma que tenía para comunicarse era a través de trinos y aleteos de sus brazos. La importancia de lo grupal es observada en el proceso de la imitación de la conducta de sus pares, esto lo hacemos todos, sólo que a diferencia de ti o de mí, su grupo cercano fueron aves. El ser humano tiene una gran capacidad de imitación, y un gran deseo de cercanía, mayor al de cualquier otro animal, imitamos para poder formar parte del grupo, sentirnos parte de algo o alguien es una necesidad de nuestra naturaleza, no olvidemos lo mencionado con anterioridad: el ser humano es un primate hipersocial. En este sentido, si resulta que la comunidad en la que nos encontramos no es de nuestra especie, no importa, adoptaremos las normas conductuales que esta imponga, aún si las normas son los trinos y aleteos, es mucho mejor formar parte del grupo que quedar excluido. Si el grupo de pájaros con los que este pequeño creció influyeron de tal manera en su identidad, no podemos dejar pasar la importancia del grupo de pares de los pacientes con quienes trabajamos. Lo anterior, es la postura de Judith Rich Harris (2009), quien, junto con estudios de la genética conductual, ha realizado una teoría de la importancia del grupo, y las identificaciones que creamos con construcciones sociales, ambos agentes causales en el desarrollo de la personalidad.

Sin embargo, existe un afán por negar nuestra historia, un fuerte deseo de mostrar que llegamos al mundo como una tabla rasa, lista para ser coloreada por nuestro entorno, sin tomar en cuenta las predisposiciones biológicas propias de nuestra especie.

Steven Pinker (2012) en su libro titulado *La tabla rasa: La negación moderna de la naturaleza humana*, propone tres negaciones:

1. **La tabla rasa atribuida a John Locke**: Esta primera negación estipula que el ser humano no tiene características innatas, venimos en cero, y es en esta tabla rasa en donde el conocimiento y características llegará a través de la experiencia. La postura de la tabla rasa menciona que el ser humano es completamente moldeable. John Watson, psicólogo fundador del conductismo, apegado a la idea de la tabla rasa dijo: "Dame una docena de niños sanos, bien formados, y mi propio mundo específico para que los eduque, y yo me comprometo a elegir uno de ellos al azar y entrenarlo para que se convierta en un especialista de cualquier tipo que yo pueda escoger —médico, abogado, artista, hombre de negocios, y sí, incluso un mendigo o ladrón— prescindiendo de sus talentos, inclinaciones, tendencias, habilidades, vocaciones y raza de sus antepasados". (Watson, s.f. p.82)

No es mentira lo que Locke mencionó respecto a su postura empirista, las experiencias claro que afectan nuestra calidad de vida. Lo que sí es una mentira es creer que todo dependerá sólo de las experiencias, un gran número de conductas humanas también están regidas por la información almacenada en nuestros genes.

2. **El buen salvaje**: Rousseau planteó que el ser humano en su estado "natural" era bueno, pacífico, sereno, y que todos los males son producto de la civilización. Lo que se niega es que el ser humano tiene diferentes comportamientos determinados genéticamente, no es que seamos buenos o malos sólo porque sí, sino que hay humanos buenos y otros malos, y mucho puede tener que ver con la carga genética que estos tengan. Pensar que de entrada el ser humano es bueno es parte de la falacia de apelación a lo natural: todo aquello que sea natural es bueno, porque su esencia es buena, pero no olvidemos la realidad, la naturaleza ni es buena ni es mala, sólo es.

3. **El fantasma en la maquina**: La tercera negación hace alusión a la idea de que existe algo denominado espíritu o alma, y que este es distinta del cuerpo, lo anterior lo conocemos con el nombre de *Dualismo Cartesiano*, propuesto por Descartes. La mente, o alma, no es algo que exista más allá

de lo real, no es una energía externa, y definitivamente no es algo separado de nuestro cuerpo, no hay dualidad entre mente y cuerpo, más bien existe un continuo. Nuestra naturaleza está regida bajo las leyes de la física. Es importante quitarnos la idea de un fantasma en la maquina si queremos comprender bien cómo está regido nuestro mundo psicológico. Para poder comprender cómo funciona nuestra mente tenemos que verla por lo que es, situarla en un plano terrenal y no celeste.

En este sentido, podemos observar que el ser humano viene equipado con un gran número de herramientas que nos ayudan a poder desenvolvernos en este mundo tan complicado que habitamos.

La mente, como cualquier otra parte de nosotros, es resultado de un sin fin de años de evolución, de selección natural. La ventaja de tener una mente es que "Los organismos capaces de tener un mapa representacional del entorno, que les permita predecir las acciones que pueden acontecer, probablemente tengan grandes ventajas evolutivas. Y tener mejores mapas requirió, sin duda, el soporte de un mejor cerebro". (Herreman, s.f. p 2) Un mejor cerebro, que otorgó a nuestros antepasados la capacidad de hacer inferencias sobre lo que el otro piensa o hace, entregando una ventaja de supervivencia y reproducción. Lo que la mente nos ha otorgado es aquella visión que tenemos de nosotros mismos, lo que se siente ser uno; poder observar y comprender el porqué y el cómo estoy actuando en un determinado momento, una guía a nuestra propia mente.

Con este ojo interno tenemos mejores herramientas para poder lidiar con el mundo social, un mundo totalmente distinto al mundo material, recordemos que el universo social es un universo abstracto y complicado. En otras palabras, somos "Homo psychologicus" (Humphrey, 1984) en vez de *Homo sapiens*, ya que podemos situarnos en la mente del otro en aras de una mayor comprensión. Constantemente hacemos hipótesis acerca de lo que acontece en el mundo interno de la otra persona con base en indicadores conductuales, no siempre muy obvios, o con indicadores que sólo son producen una intuición de que algo está mal. Al tener una mejor comprensión de nosotros mismos, un ojo interno con mejor graduación, podemos comenzar a explicar de mejor manera qué sucede en la mente de los demás. Podemos imaginar qué se siente ser ellos, al comprender lo que se siente ser nosotros.

Si la mente brindó ventajas evolutivas al ser humano, nuestra mente debe de ser más o menos similar entre todos. Panksepp y Biven (2012) han logrado demostrar que nuestra mente contiene sistemas motivacionales emocionales que nos hacen actuar, y que pueden conectarse de distintas maneras. Estos sistemas emocionales son circuitos neuronales con locaciones específicas en el cerebro, y son los siguientes:

1. *SEEKING*:
El sistema que genera un encuentro exploratorio con el medio ambiente mediante movimientos de búsqueda y caracterizado por una persistente curiosidad.

2. *RAGE*:
Motiva al animal a usar su cuerpo y extremidades contra aquello que ataca. Es un afecto negativo, que al interactuar con componentes cognitivos puede convertirse en un afecto positivo.

3. *FEAR*:
Resulta en un estado afectivo del cual los animales desean liberarse o escarpar de él. En niveles bajos de actividad, crea tensión corporal e inmovilidad que podrá aumentar en intensidad en aras de que aquel que lo siente huya de la situación de peligro.

4. *LUST*:
Conductas de apareamiento y conquista que culminan en la copulación.

5. *CARE*:
El proveer nutrición y cuidado, particularmente a los hijos, pero no limitado a estos.

6. *PANIC–GRIEF*:
Resulta en la experiencia de dolor emocional interno ante la ausencia de un dolor físico obvio. Se suele observar en jóvenes mamíferos, a través de un incesante llanto y urgencia de reunión con el cuidador. Juega un papel crucial en la creación de vínculos sociales.

7. *PLAY:*

El jugar es una actividad de disfrute para los participantes y es el espacio en donde se comienza a comprender el cómo relacionarse.

Con todo lo anterior, surge una pregunta, ¿cómo afecta la negación de nuestra naturaleza humana dentro del espacio clínico? Afecta en la comprensión de la vida interna de los pacientes, ya que, si no comprendemos que cada individuo tiene una carga distinta, genética e histórica, se puede perder un porcentaje importante de la escucha. Los estudios de la genética conductual han arrogado resultados por más de 40 años sobre la gran importancia que la herencia tiene en la variabilidad de comportamientos entre las personas. Estudios con gemelos monocigóticos criados en distintos hogares muestran la importancia de los genes en la creación de la personalidad, observable en el momento en que este par, independiente del ambiente compartido de la familia, son espectacularmente similares (Harris, 1995; 2009). De la misma forma, hijos adoptivos no suelen tener ninguna similitud en factores de personalidad con sus padres adoptivos, pero sí con sus padres biológicos (Harris, 1995; 2009). La importancia de la herencia genética en la personalidad de las personas es indiscutible, y en definitiva la importancia de tomarlo en cuenta es en extremo grande. Tomemos el ejemplo del caso estudiado por el psicoanalista Samuel Abrams (1986) quien tuvo la oportunidad de estudiar a dos gemelas idénticas separadas al nacer, ambas fueron desarrollando a lo largo de 10 años un serio trastorno de la personalidad. La diferencia entre estas hermanas radicó en los destinos hogares, mientras una de las niñas tuvo la mala fortuna de vivir en un hogar con padres adoptivos autoritarios, la otra gemela vivió en un ambiente acogedor y alegre. Sin importar la diferencia de climas de hogar, ambas gemelas presentaron la misma sintomatología.

Abrams (1986) acepta el hecho de que, si sólo hubiera observado un caso, la causa del trastorno de personalidad hubiera sido dirigida al entorno familiar. ¿Cuántas veces podemos llegar a caer en el error de culpar al ambiente? Si sólo nos enfocamos a comprender el núcleo familiar como agente causal de la personalidad de aquellos que asisten a psicoterapia, limitamos el espectro de visión de trabajo con los pacientes, cayendo en la trampa de intentar encontrar nexos que pudieran no existir como razón de tal o cual comportamiento. De la misma manera, los estudios de la genética conductual han demostrado que no todo es genético, existe un porcentaje que no es explicado ni por los genes, ni por la crianza, el porcentaje que sobra es el ambiente exclusivo que cada individuo vive. Judith Rich Harris (2009), quien ha sido mencionada con anterioridad, menciona que aquello que ayuda en la formación de la personalidad es el grupo de pares, y en especial, la identificación que el individuo tiene con constructos sociales.

En este sentido, el impacto de la visión biológica en cierto tipo de psicoterapias es en la comprensión de la génesis, no meramente histórica, sino biológica del individuo. Es enfocarnos, al trabajar con un paciente, no sólo en una revisión del pasado extenuante sino en la comprensión de todas las distintias formas de actuar, tanto en situaciones del ayer como presentes, arrojando luz en el comportamiento que puede ser mediado por la interacción gen/ambiente (GXA). El creer que el actuar de alguien es sólo un producto de eventos ambientales es incompleto, estudios de genética conductual (Plomin, DeFries, Knopik, Neiderhiser, 2013; Harris, 1995; 2009) muestran el poder de la herencia en el desarrollo de la personalidad, corroborado en gran medida por 50 años de estudios con gemelos mono y dicigóticos (Polderman, Benyamin, A de Leeuw, Sullivan, van Bochoven, Visscher, Posthuma, 2015). En este sentido, no todo es creado por nuestro mundo externo, mucho de la forma en la que actuamos está mediado por aquello que cargamos genéticamente, el buscar nexos de un comportamiento de manera unifactorial es una tarea que sólo da una parte del resultado, debemos de comprender que la carga genética juega un papel en el desarrollo y actitud que tenemos ante la vida, y de tal manera generar estrategias metacognitivas que nos ayuden a poder lidiar con las vicisitudes de esta. Es importante mencionar que lo heredado no es fijo "Un importante corolario del punto de que la herencia no implica un determinismo genético, es que la herencia no restringe intervenciones ambientales como la psicoterapia". (Plomin, DeFries, Knopik, Neiderhiser, 2013, p. 84). Lo anterior ha sido foco de estudio en relación con la predicción de ciertas variantes genéticas en la respuesta a intervenciones psicoterapéuticas, estudiado específicamente en la Terapia Cognitivo Conductual (Eley et al., 2011). Dicho estudio no sólo abre las puertas a la importancia de la interacción entre genes y ambiente (GXA), también nos lleva a poder observar lo que el futuro llevará en cuanto a intervenciones genéticas en la psicoterapia. Beevers y McGeary (2012), en su articulo "Therapygenetics: moving towards personalized psychotherapy treatment" comentan: "En conclusión, creemos que el estudio de Eley *et al.*, es un excelente ejemplo del porqué la variación genética puede (y debe) ser incorporada en la investigación de tratamientos psicosociales (...) que, a su vez, podría mejorar la habilidad de confeccionar tratamientos para individuos con base es su perfil genético (...) aliviando un sustancial dolor asociado con enfermedades psiquiátricas" (Beevers y McGeary, 2012).

Tomemos, como ejemplo, el cambio paradigmático en la visión de la esquizofrenia generado por estudios de adopción. En la literatura psicológica se ha pensado por mucho tiempo que la esquizofrenia era causada por mensajes contradictorios impartidos por madres y padres esquizofrenizantes, Plomin *et al.* (2013) comentan sobre el primer estudio de adopción realizado por Leonard Heston en 1966, en donde se muestran que el riesgo de desarrollar esquizofrenia de hijos adoptados con madres o padres biologicos con esquizofrénia es de un 11%, en comparación al riesgo de 0% de niños adoptados cuyos padres biológicos no tienen ningún tipo de enfermedad mental. "El riesgo de 11% es similar al riesgo de hijos criados por padres biológicos esquizofrénicos (...) Lo anterior da a entender que el crecer en una familia con esquizofrénicos no incrementa el riesgo de desarrollar esquizofrenia más allá del riesgo por herencia". (Plomin, *et al.*, 2013, p. 236). De esta manera, podemos comprender que el riesgo de desarrollar esquizofrenia no se ve aumentado por el ambiente en el que uno crece, si esto fuera el caso, niños y niñas esquizofrénicas aparecerían más en casas de familias con esquizofrenia que adoptan niños, sin embargo 0% de los adoptados diagnosticados con esquizofrenia tenían padres o hermanos adoptivos esquizofrénicos. (Plomin, *et al.*, 2013). "Cuando un padre es esquizofrénico, el riesgo de tener esquizofrenia es igual de grande para el hijo que es adoptado al nacer como para el hijo que es criado por los padres biológicos esquizofrénicos" (Plomin, *et al.*, 2013, p. 77).

Los resultados son replicados en el estudio de Wender, Rosenthal, Kety, Schulsinger y Welner (1973) en donde mencionan: "Este estudio muestra que *no* existe un incremento en la incidencia de la psicopatología esquizofrénica en niños criados por padres adoptivos que sufren de esquizofrenia de proceso, trastorno limítrofe, o esquizofrenia aguda". (p. 127). Pero no hay que olvidar que no existe tal cosa como un determinismo genético, en el caso de gemelos monocigóticos la concordancia en esquizofrenia es aproximadamente del 50%, lo que quiere decir que si tienes un gemelo idéntico con esquizofrenia, el riesgo de que tú tambien la presentes es aproximadamente del 50%, contando que gemelos monocigóticos tienen el mismo ADN, el porcentaje restante debe de ser sólo atribuible al ambiente, tanto a cuestiones de epigenética, como al ambiente exclusivo. (Plomin, *et al.*, 2013).

El pensar el tema de lo evolutivo/biológico dentro del trabajo de la psicología clínica es visualizar este conocimiento como herramientas de trabajo con los pacientes, mas no como un nuevo tipo de psicoterapia (Troisi y McGuire, 2014). En gran medida las herramientas que se nos entregan nos ayudan a comprender el funcionamiento de la mente humana y de ahí poder entregarnos a la construcción de hipótesis de trabajo, enfocarnos en los procesos mentales que la selección natural ha dejado en nosotros. La mejor forma para poder trabajar con los pacientes es comprender cómo funciona su mente, pero no podemos enfocarnos sólo en lo individual, sino en un aspecto macroscópico que nos lleve al particular. Un ejemplo de lo anterior, es la observación que tiene la importancia evolutiva del apego, propuesta por Ainsworth y Bolwby; esta propuesta nos ayuda a comprender la gran necesidad e importancia que tiene el ser humano en buscar la seguridad y cercanía, ambas necesarias para su supervivencia. El apego es un sistema motivacional especializado que todos los seres humanos tenemos, es parte de nuestra naturaleza humana, y la forma en la que nos relacionamos con la gente de nuestro alrededor se verá afectada por el estilo de apego que generemos con estos. Sin la comprensión de cómo funcionamos no podemos trabajar adecuadamente con nuestros pacientes, ni mucho menos generar modelos teóricos con sustento. Es indispensable estar situados en el lugar correcto, con una mayor precisión teórica para tener una mejor práctica.

La importancia en la clínica psicoterapéutica es mostrada en la maximización de las teorías y la comprensión del comportamiento humano en aras de una creación de cuerpo teórico sustentable con aquello esperado de nuestra especie. El postulado de la importancia de la evolución y lo biológico a nivel mental ha sido criticado como reduccionista, lo cual es una falsedad dado que la profundidad de cada uno de los temas es más amplia de lo que se imagina, reduccionista sólo si se ignora los factores que la conforman. Siguiendo el postulado de Slavin y

Kriegman (1992), la mente tiene una estructura profunda. En primer plano se encuentra la estructura profunda universal (sistemas motivacionales, regiones cerebrales, teoría de la mente, genes, etc.). Esta primera estructura afecta el segundo nivel, aquel que compete a las terapias y estudios del ser humano, esta segunda estructura es la de los mecanismos operativos: nuestras defensas y sesgos mentales; los constructos psicodinámicos y nuestra personalidad; nuestra identidad, configuración mental, y la forma en la que cada uno reacciona ante su entorno, estos son los elementos individuales de la estructura psíquica que varían entre personas; en otras palabras, nuestros *fenotipos mentales*. Pensemos lo anterior como un bucle de retroalimentación en donde nuestra respuesta al ambiente es causada por nuestra estructura psíquica, creada, en parte, por nuestra estructura profunda y el ambiente en el que nos desenvolvemos.

Es cierto que muchos de los que he mencionado son aspectos que ya son realizados por los psicoterapeutas: observar la relación con el otro, la relación con el grupo, etc. Sin embargo, en varios casos lo anterior podría ser adjudicado al sentido común y no a la comprensión de la mente humana; sin dicho entendimiento, aunque en momentos estemos en el lugar correcto, el suelo en donde estamos parados no será lo suficientemente firme para soportar el peso de la práctica.

Al comprender la historia evolutiva de nuestra especie, el hecho de observar una determinada sintomatología en nuestros pacientes, no sólo puede comprenderse como un mecanismo patológico, sino como una estrategia adaptativa, de la misma forma en la que comprendemos que la fiebre no es una enfermedad sino un mecanismo de ayuda ante un proceso infeccioso. La visión evolutiva/biológica es una herramienta de comprensión de aquello que acontece en el mundo interno del paciente; una forma de conexión con aquello que este puede estar sintiendo; una herramienta que nos permite abrir el vértice de observación, ampliando nuestro campo visual psicoterapéutico. Situando a nuestra especie en el lugar que debe de ocupar, su lugar biológico.

Bibliografía

Abrams, S. (1986). *Disposition and the environment. Psychoanalytic study of the child*, 41. 41 – 60.

Astington, J.W., y Edward, M.J. (2010). *The development of theory of mind in early childhood*. Recuperado de http://www.child-encyclopedia.com/social-cognition/according-experts/development-theory-mind-early-childhood

Buss, D.M. (2016) Evolutionary psychology: *The new science of the mind* (*Kindle* versión *iPhone*). Nueva York: Routledge. Recuperado de http://amazon.com

Cockcroft, L. (2008, febrero 28). *Russian "bird-boy" discovered in aviary*. Recuperado de www.telegraph.co.uk/news/worldnews/1580159/Russian-bird-boy-discovered-in-aviary.html

Hagen, E. (2004, septiembre 8). *The Evolutionary psychology FAQ*. Recuperado de www.anth.ucsb.edu/projects/human/evpsychfaq.html

Harris, J.R. (1995) *Where is the child's environment? A group socialization theory of development*. Psychological review. 102(3). 458-489.

Harris, J. R. (2009). *The nurture assumption: Why children turn out the way they do*. Nueva York. Free Press.

Herreman, C. (sin fecha). *Estructuración mental de los modelos vinculares. Modelos operativos internos. Programa interactivo de formación online en la teoría del apego, curso 5*. Psimática.

Herreman, C. (2015). *La triple postura. Herramientas para restablecer la seguridad en comunidades, familias y personas*. México: Fundación Pro Niños de la Calle, I.A.P.

Humphrey, N. (2013). *The inner eye*. (*Kindle*, versión *iPhone*). Recuperado de http://amazon.com

Humphrey, N. (1984). *Consciousness regained. Chapters in the development of mind*. (*Kindle*, versión *iPhone*). Nueva York: Oxford University Press. Recuperado de http://amazon.com

Miller, J.A. (1988) *El psicoanálisis, su lugar entre las ciencias*. Recuperado de http://psicoanalisisyciencia.wordpress.com/documentos/el-psicoanalisis-su-lugar-entre-las-ciencias/

Mithen, S. (1998). *Arqueología de la mente. Orígenes del arte, de la religión y de la ciencia*. Barcelona: Crítica Grijalbo Mondadori.

Panksepp, J., y Biven, L. (2012) *The archeology of mind: Neuroevolutionary origins of human emotions*. New York: W.W Norton.

- Polderman T. Benyamin, B. A de Leeuw, C. Sullivan, P. van Bochoven, A. Visscher, P.M Posthuma, D. (2015). *Meta-analysis of the heritability of human traits based on fifty years of twin studies.* Nature Genetics. 47(7). 702 – 709.

Pinker, S. (2012). *La Tabla rasa. La negación moderna de la naturaleza humana.* España: Paidós Transiciones.

Sagan, C. (1982). *Cosmos.* México: Planeta.

Tooby, J., y Cosmides, L. (1992) *The psychological foundations of culture,* en Barkow, J.H. Cosmides, L. Tooby, J. (Ed.) *The adapted mind.* (pp. 19-136). Nueva York: Oxford University Press.

Troisi, A. y McGuire, M.T. (2014) *Psychotherapy in the context of Darwinian psychiatry,* en Gilbert, P. y Bailey, G.B. (Ed.) Genes on the couch. (Kindle version iphone). Nueva York: Routledge. Recuperado de http://amazon. com

Slavin, M.O., y Kriegman, D. (1992). *The adaptive design of the human psyche: Psychoanalysis, evolutionary biology, and the therapeutic process (Kindle* version, *iPhone*). Nueva york: The Guilford Press. recuperado de http:// amazon.com

Watson, J. (sin fecha) *Behaviorism.* Londres: Kegan Paul, Trench, Trubner y CO., LTD. recuperado de https://archive.org/details/behaviorism032636mbp

Este Libro se terminó de
imprimir en Febrero del 2018.

www.ingramcontent.com/pod-product-compliance
Lightning Source LLC
Chambersburg PA
CBHW051300250726
48656CB00004B/1400